스포츠 거버넌스

SPORTS GOVERNANCE

오준혁

박영사

목차

SPORTS GOVERNANCE

제1권

스포츠 거버넌스

SPORTS GOVERNANCE

여는 글

  스포츠계에는 우리 사회를 구성하는 요소들이 함축적으로 포함되어 있습니다. 이들은 서로 유기적으로 연결되어 상호 보완합니다. 스포츠 세계를 이해하기 위해 지금까지 여러 분야에서 수많은 연구들이 수행되어 왔습니다. 이는 그것을 바라보는 관점에 따라 행정적, 사회적, 문화적, 경제적, 역사적 방법 등으로 다양하게 설명되고, 목적에 따라 미시적, 중시적, 거시적으로 자유롭게 연구되기 때문입니다.

  스포츠는 '거버넌스' 중심으로 살펴볼 때 가시적 이해가 가능합니다. '거버넌스'는 적용 분야에 따라 체계, 절차, 관계, 네트워크, 방법, 운영, 규율, 시스템, 연결, 활동, 기관 등 여러 의미로 사용됩니다. 본서에서는 이를 '구조' 관점에서 이해합니다. 그리고 '조직'을 통해 전체를 꿰뚫어 보는 방식을 거버넌스 중심적 사고로 정의합니다.

  '스포츠 조직'은 스포츠의 발전과 번영을 위해 조직된 다양한 형태의 사회 단체를 널리 의미합니다. 이들은 범주의 제약 없이 활동하고, 조직의 설립 목적에 따라 영리/비영리 기구, 정부/비정부 단체, 공공/준공공/사설 기관 등에 두루 소속됩니다.

  '스포츠 조직'의 관점에서 스포츠 현상을 이해하기 위해 지금껏 시도된 연구들은 대부분 올림픽 중심의 사고에 매어 있습니다. 이는 올림픽조직위원회 또는 국제올림픽위원회를 거버넌스의 중앙에 두고 나머지를 연결해 가는 연상법을 의미합니다. 특정 조직을 절대시한 이러한 접근은 단순히 인기가 많은 조직일수록 더 중요하다는 식의 잘못된 인식을 심어줄 수 있고, 힘이 있는 조직이 전체 질서를 임의로 재편할 수 있다는 오해를 불러일으킬 수 있습니다.

　본서에서는 지속가능한 구조를 제시하고자 스포츠 거버넌스가 존재할 수 있도록 하는 근본 조직인 '협회'를 그 중심에 놓았습니다. 이어 주요역할에 초점을 맞춰 분석한 비영리 스포츠 조직들을 연결하였습니다. 조직별 기능과 조직 간 관계는 일반적인 사항을 기준으로 기술하였으며, 각 관계의 친밀도를 3단계 ─ 높음, 보통, 낮음 ─ 로 제시해 조직 간 관계성 및 의존도를 가시적으로 드러냈습니다. '거버넌스' 중심적 구성을 배가하기 위해 분야별 행정적 사항 및 세부 운영 정보는 최소화하였습니다. 조직명에 쓰인 영문은 원 뜻을 해치지 않는 범위 내에서 임의로 통일하였습니다. 예를 들어, 'Association', 'Federation', 'Union'을 국내단체는 '협회'로, 국제단체는 '연맹'으로 표기하였습니다. 'Sport'와 'Sports'를 모두 '스포츠'로 표기하였으며, '체육'과 '스포츠'를 따로 구분하지 않고 현재 통용되는 국문명을 따라 표기했습니다.

　각 장은 현상학을 적용해 분석하고 발생학적으로 전개하였습니다. 제1장에서는 '클럽'에서부터 '정부'에 이르는 국가 스포츠의 거버넌스에 대해 소개하였고, 제2장에서는 '국제연맹', '종합대회사', '국가체육회'를 주축으로 한 국제 스포츠의 거버넌스에 대해 설명하였습니다. 제3장에서는 이 둘을 더한 글로벌 거버넌스의 모습을 제시하였고, 마지막 제4장에서는 스포츠 조직의 내부 구조를 살펴보았습니다. 스포츠계에 입문하시는 분들이 이 책을 읽고 난 후엔 전 세계 스포츠 구조와 이의 내부 관계를 머릿속에 명쾌히 그려낼 수 있길 바랍니다.

1장　국가 스포츠 거버넌스

그림 1.1　국가 스포츠 거버넌스의 주요 구성요소

'국가 스포츠 거버넌스'는 한 국가 내에서 스포츠를 중심으로 모인 개인 및 조직들과 이들의 관계를 포함한 전체 체계를 의미합니다. 구성 조직들은 사회가 추구하는 가치와 필요에 따라 새로 생겨나기도 하고, 반대로 대중의 관심을 잃어 없어지기도 합니다.

이는 구성 조직들의 주요역할에 따라 크게 8개 영역 ─ 클럽, 종목별 지부, 종목별 협회, 지역별 체육회, 국가체육회, 정부, 국내 기능적 스포츠 조직, 파트너 ─ 으로 구분됩니다(그림 1.1). 모든 조직은 각자의 고유한 역할을 감당하며, '협회'를 중심으로 조화와 균형을 이루고 있습니다(그림 1.2).

한 국가가 정상적으로 운영되기 위해서는 헌법을 포함한 여러 법률들이 필요합니다. 이처럼 스포츠 조직의 운영을 위해서도 관련자들

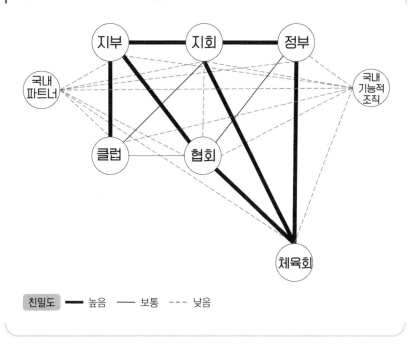

그림 1.2　국가 스포츠 거버넌스

지부　지회　정부

국내
파트너

클럽　협회

국내
기능적
조직

체육회

친밀도　━━ 높음　── 보통　--- 낮음

간에 공정하고 일관된 약속들이 필요합니다. 이 약속은 형태와 적용범위 등에 따라 정관, 규정, 규율, 규칙, 규례, 법 등으로 구분되어 사용됩니다. 모든 약속은 조직 내 의사결정자들에 의해 자체적으로 수립되지만, 상위기관이 존재하는 경우 이의 승인을 필요로 합니다. 상위단체는 하위단체의 활동이 규정 내에서 시행될 수 있도록 관리 및 감독합니다.

　국가 스포츠 거버넌스를 이루는 8개 영역의 세부사항과 이들의 관계에 대해 하나씩 알아보도록 하겠습니다.

▮1 클럽

그림 1.3　클럽의 구성

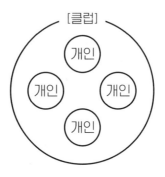

　　'클럽(Club)'은 특정 스포츠를 즐기는 개인들이 이를 타인과 함께 누리고자 둘 이상 모여 체계를 갖춘 최소단위 조직체입니다(그림 1.3). 국내에서는 '동호회' 또는 '동아리'로도 불립니다. 달리기와 같이 혼자서 할 수 있는 종목, 태권도와 같이 상대를 반드시 필요로 하는 종목, 축구와 같이 여럿을 필요로 하는 종목 모두 '클럽'을 시작으로 조직화됩니다.

　　상업적 목적으로 운영되고, 소속 선수들에게 성과에 따르는 급여를 지불하는 '프로 스포츠 클럽(professional sports club)'도 '클럽'의 범주로 분류됩니다. 그러나 일반적인 경우 생활 속 클럽은 동호인들이 스포츠를 즐기기 위해 자발적으로 참여하는 '아마추어 클럽(amateur club)'을 의미하며, 본서에서의 '클럽' 또한 후자에 해당하는 '생활체육인들의 무리'를 지칭합니다.

　　클럽은 단위 지역 내에서 주민들에 의해 자연적으로 발생해 체계를 갖추어 가기도 하고, 특정 개인이나 조직이 종목 전파를 목적으로 모임을 구성해 회원을 모집해 가는 방식으로 운영되기도 합니다. 여느 조직과 마찬가지로 회장이 공동체를 대표하고, 구성원의 수가 증가해

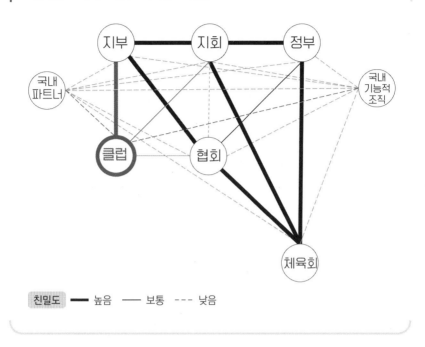

그림 1.4　국가 스포츠 거버넌스-클럽

합의된 공동의 약속이 필요한 경우 정관 등의 규정을 수립합니다. 크고 작은 일에 직속 상위 조직인 종목 지부와 직접적으로 협력하고, 협회 및 지역체육회와는 종목 지부를 통해 간접적으로 소통합니다(그림 1.4).

　클럽의 수입원은 회원의 회비, 지부 또는 지회의 지원금, 파트너 조직의 후원금, 자체사업을 통한 수익금 등입니다. 그러나 대다수는 구성원들이 납부하는 회비에 크게 의존합니다.

2 종목 지부

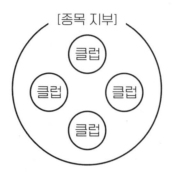

'종목 지부(Regional Sport Federation, 이하 지부)'는 동일 종목의 클럽들이 일정 지역 내에서 둘 이상 모여 이루는 군집입니다(그림 1.5). 클럽의 수가 충분한 경우 ○○시지부, ○○도지부, ○○군지부, ○○구지부 등 지역 단위별 '지부'가 설립될 수 있습니다. 그러나 조직명을 '○○지부'라고 짓지는 않습니다. 보통은 '지역 이름＋종목 이름＋협회' 형식으로 명명합니다. 예를 들어, 서울 지역 내 축구 클럽들이 모여서 구성하는 조직을 '서울시축구협회'로 이름하는 식입니다. 이는 대한축구협회의 '서울시지부'인 격입니다.

지부는 지회 안에서 해당 종목을 대표하고, 협회 내에서 해당 지역을 대표합니다. 소속 클럽들을 통솔하고, 클럽과 상위 단체들을 이어주는 중간자 역할을 수행합니다(그림 1.6).

지부는 자체 규정에 따라 지역 내에서 해당 종목을 육성 및 보급하고, 필요에 따라 대회도 주최합니다. 또한, 생활체육인의 여가 선용 및 체력 향상을 위한 프로그램 운영부터 우수 선수 양성 및 전문 선수 지원까지 포괄적인 사업을 전개합니다.

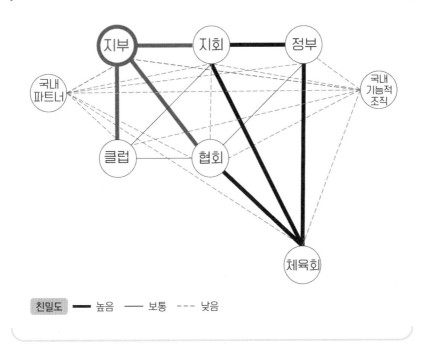

그림 1.6   국가 스포츠 거버넌스-종목 지부

친밀도 ▬ 높음 ── 보통 --- 낮음

지부의 수입원은 클럽이 협회에 납부한 회비의 분배금, 협회 또는 지회의 지원금, 파트너 조직의 후원금, 지역 대회 개최를 통한 수익금 등입니다. 관할 지역 내 해당 종목이 활성화되는 경우 지부의 수입원 역시 다각화되고 공고해집니다.

지부와 비슷한 역할을 수행하면서 활동 및 권한의 범위를 해당 지역에서 국가 전체로 확대하면 이는 '종목 협회'가 됩니다. 몇몇 지부들이 모여 협회를 구성하는 경우도 있고, 협회가 먼저 설립된 이후 지부들이 구성되어 가는 경우도 있습니다.

3 종목 협회

그림 1.7   종목 협회의 구성

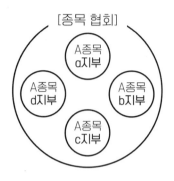

'종목 협회(National Sport Federation, 이하 협회)'는 동일 종목의 서로 다른 지부들이 국가 전체적으로 모여 이루는 본부입니다(그림 1.7). 예를 들어, 서울시축구협회, 부산시축구협회, 광주시축구협회 등이 모여 대한축구협회를 구성하는 식입니다.

한 종목을 중심으로 여러 협회들이 조직될 수 있지만, 국가체육회가 전국을 통합하는 권위를 인정하여 승인한 단 1개의 단체만이 공식 '협회'로 인정됩니다. 협회는 국내 스포츠 거버넌스의 가장 핵심이 되는 조직으로서 국가 스포츠 거버넌스를 이루는 모든 조직과 연결되어 있고 국가 스포츠의 경기력과 행정력에 직접적인 영향력을 행사합니다.

협회는 아래로는 지부와, 위로는 국가체육회와 직접적으로 협력합니다. 개별 클럽과는 지부를 통해, 정부와는 국가체육회를 통해, 지회와는 지부 또는 국가체육회를 통해 간접적으로 교류합니다(그림 1.8).

협회는 선수를 육성하고, 지도자와 심판을 교육하며, 종목의 시설 및 장비를 관할합니다. 정기적으로 전국규모 대회를 개최하여 경기력 관리와 종목 진흥에 힘쓰고, 국가대표를 선발해 국제 대회에 참가합니

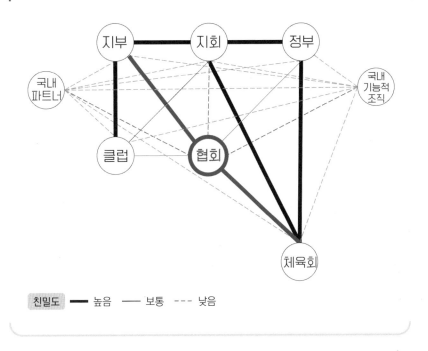

그림 1.8   국가 스포츠 거버넌스-종목 협회

지부   지회   정부

국내
파트너

국내
기능적
조직

클럽   협회

체육회

친밀도 ━━ 높음 ── 보통 --- 낮음

다. 종목을 대표하여 국가체육회는 물론 국제경기연맹에 대하여 독점적
교섭권을 갖고, 이를 바탕으로 스포츠 외교의 최일선에서 활동합니다.

협회의 수입원은 회원 조직의 회비, 국가체육회의 지원금, 파트너
조직의 후원금, 자체사업을 통한 수익금 등입니다. 국가체육회 지원금
은 협회의 운영 상태, 관할 종목의 인기도, 해당 종목의 주요 국제종합
대회 포함 여부 등을 고려해 차등 지급됩니다. 자체사업을 통한 수익금
에는 대회 및 세미나 참가비, 각종 저변확대 프로그램 등록비, 선수 및
심판 증명서 발급비, 대회 마케팅을 통한 수익금(방송중계, 입장권 판매,
라이센싱) 등이 있습니다.

❹ 지역 체육회

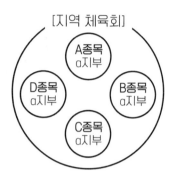

'지역 체육회(Regional Sports Council, 이하 지회)'는 동일 지역을 기반으로 하는 서로 다른 종목의 지부들이 모여 이루는 연합체입니다(그림 1.9). 조직 이름은 보통 '지역 이름＋체육회' 형식으로 지어집니다. 예를 들어, 서울시축구협회, 서울시농구협회, 서울시배구협회 등이 모여 '서울시체육회'를 구성하는 식입니다. 설립이 된 이후엔 지회의 자체 노력보다는 특정종목의 지역 내 클럽들과 협회의 노력으로 가맹 지부들이 추가됩니다. 시, 도, 군, 구 등의 단위별로 세부 지부들이 충분한 경우 지역 단위별 지회가 설립될 수 있고, 이러한 경우 상위 지회는 하위 지회를 관리 및 지원합니다.

지회는 산하 종목별 지부 및 국가체육회와 밀접하게 협력하고 지방정부에 적극 협조합니다. 지방정부는 스포츠단체의 자치권 보호를 위해 그들의 운영에 직접 개입하지는 않으나 사실상 행정적, 재정적, 법적, 정치적 측면 등 여러 영역에 두루 영향력을 행사합니다(그림 1.10). 지방 정부 지원금 의존도가 높은 지회에서는 이러한 현상이 더욱 뚜렷합니다.

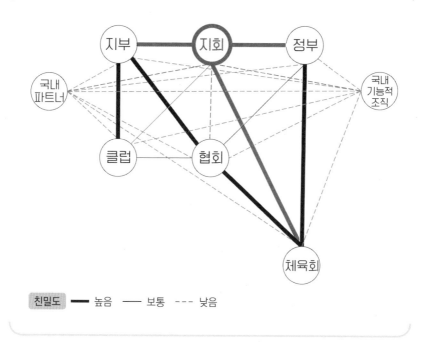

그림 1.10 국가 스포츠 거버넌스-지역 체육회

친밀도 ━━ 높음 ─── 보통 --- 낮음

지회는 지역민들이 각자의 환경에서 스포츠를 충분히 즐길 수 있도록 생활체육 프로그램을 개발해 보급하고 그들이 스포츠를 통한 복지를 누릴 수 있도록 노력합니다. 소속 지부들과 함께 자체 종합대회를 개최해 지역민의 화합을 도모하고 지역 간 대회 또는 전국 종합 대회에 지역 대표를 선발해 참가하기도 합니다.

지회와 비슷한 역할을 수행하면서 활동 및 권한의 범위를 특정 지역에서 국가 전체로 확대하면 이는 '국가체육회'가 됩니다.

5 국가체육회

그림 1.11 국가체육회의 구성

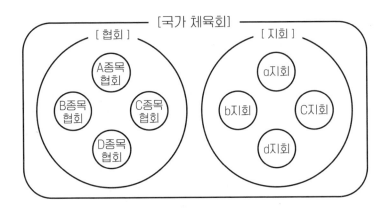

'국가체육회(또는 국가올림픽위원회, National Olympic Committee, 이하 체육회)'는 대내적으로 국내 스포츠를 총괄하고 대외적으로 국가 스포츠를 대표하는 비정부·비영리 단체입니다. 이는 협회와 지회를 양대 회원으로 둡니다(그림 1.11).

체육회는 그 기능과 역할에 대한 국가별 이해에 따라 하나의 통합된 조직으로 운영되기도 하고, 둘 이상의 조직으로 분리되어 운영되기도 합니다. 후자의 경우, 전문 선수 양성 및 관리를 위한 조직과 생활체육 저변 확대 및 관리를 위한 조직으로 나뉘기도 하고, 국내 담당 조직과 국제 담당 조직으로 나뉘기도 합니다. 한국의 경우 2009년 대한체육회와 대한올림픽위원회 통합에 이어 2016년 국민생활체육회도 통합해 하나의 컨트롤 타워 '대한체육회(Korean Sport & Olympic Committee)' 체제를 고수하고 있습니다.

체육회는 관계부처 및 비정부기관과 협력해 스포츠 진흥을 위한 다양한 활동과 교육을 전개하고, 국민의 건강, 체력증진, 여가선용에 이

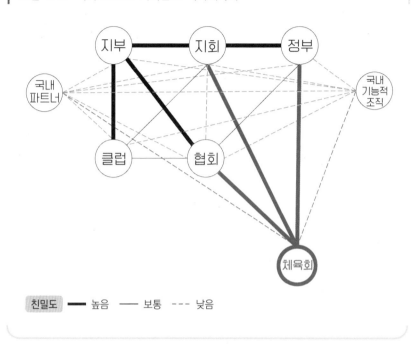

그림 1.12 국가 스포츠 거버넌스-국가체육회

친밀도 ━━ 높음 ── 보통 --- 낮음

바지합니다. 지역별 대표들을 모아 전국 종합대회 등의 자체 대회를 개최하는 국가들도 있습니다. 일반의 참여를 독려하기 위한 프로그램이나 조직의 목적 달성에 지대한 공헌을 한 이들에게 감사를 전하기 위한 행사 등도 기획합니다.

체육회는 협회 및 지회와 협력해 국가 스포츠를 이끌어 갑니다. 정부의 승인으로 스포츠 분야 대표 조직 자격을 얻어 중앙정부와 직접 교류하고, 관련 정부정책을 일선에서 이행합니다(그림 1.12). 운영 예산의 큰 부분은 중앙정부가 지원합니다.

⑥ 정부

그림 1.13 정부의 구성

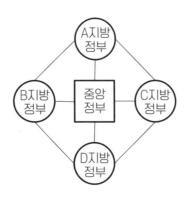

　'정부(Government)'는 스포츠 관련법을 근거로 국가 스포츠에 관한 전체 행정을 관장하고 정책을 집행합니다. 이에 정부는 스포츠 조직이 아님에도 '국가 스포츠 거버넌스'의 중요한 일부로 고려됩니다.

　정부는 중앙정부(중앙행정기관)와 지방정부(지방자치단체)로 나뉘어 이해됩니다. 각국 중앙정부는 국가별 상황에 따라 체육부(Ministry of Sports)를 독립해 운영하기도 하고, '문화부' 등과 한데 모아 운영하기도 합니다. 한국은 문화체육관광부(Ministry of Culture, Sports and Tourism)에서 스포츠를 관장하며 장관이 조직을 대표합니다. 지방정부들은 중앙정부 정책의 방향과 속도를 고려하며 관할 지역 내에서 관련 업무를 수행합니다(그림 1.13).

　중앙정부는 국가체육회와 협력해 국가 스포츠 발전을 도모하고, 지방정부는 각 지회와 협력해 지역 스포츠 발전을 꾀합니다(그림 1.14). 종목별 협회와는 프로그램 운영 또는 체육시설 사용 등에 협력이 필요한 경우 제한적으로 교류합니다.

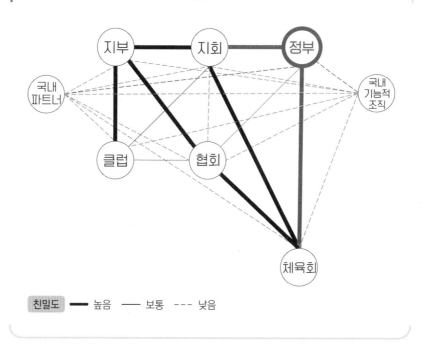

그림 1.14 국가 스포츠 거버넌스-정부

지부　지회　정부

국내
파트너

국내
기능적
조직

클럽　협회

체육회

친밀도 ━━ 높음 ── 보통 --- 낮음

　　정부는 국가 스포츠 거버넌스 핵심요소들-클럽, 지부, 협회, 지회, 체육회, 정부-중 국가 영역 내에서 가장 권위 있는 조직입니다. 이에 정부는 스포츠 조직을 지원하는 과정에서 행여 그들의 강한 권력으로 인해 스포츠 고유의 문화가 훼손되거나 지원 조직의 자치권이 침해되지 않도록 주의합니다.

7 국내 기능적 스포츠 조직

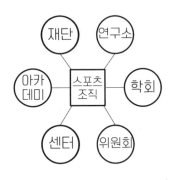

'국내 기능적 스포츠 조직(National Functional Sport Organization, 이하 기능적 조직)'은 국가 스포츠 거버넌스의 핵심 조직들이 각자의 고유 역할을 효과적으로 감당할 수 있도록 이들을 측면에서 지원하는 비영리 단체 군집입니다. 기능적 조직들은 정부기관, 비정부기관, 공공기관 또는 사설기관에 두루 소속되고 ○○재단, ○○연구소, ○○학회, ○○위원회, ○○센터, ○○아카데미 등 다양한 형태로 활동합니다. 단, 영리 추구를 목적으로 하는 집단은 제외됩니다(그림 1.15).

기능적 조직들은 특정 분야의 전문성을 바탕으로 활동하고, 거버넌스 핵심 조직들이 인적·물적 한계로 인해 외부의 도움을 필요로 하는 분야에 주로 협력합니다. 대표적인 영역으로는 종목 및 장비 개발에 관한 기술적 협력, 사무국 업무에 관한 행정적 협력, 선수들의 지식 또는 품행에 관한 교육적 협력, 연구 및 조사에 관한 학문적 협력, 조직 운영의 기준 설정 및 이의 해석에 관한 법적 협력, 관계 및 로비에 관한 정치적 협력 등이 있습니다.

그림 1.16 국가 스포츠 거버넌스-국내 기능적 스포츠 조직

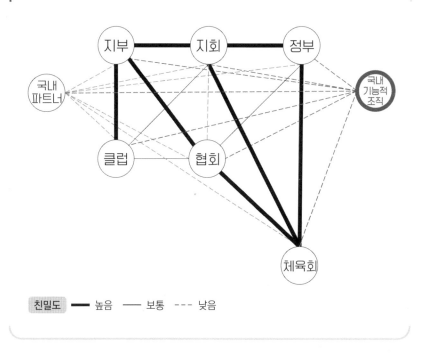

기능적 조직들은 각자의 지속가능성 유지를 위해 거버넌스 핵심조직 중 하나 이상과 필연적으로 상호보완 관계를 추구합니다. 이들의 영향력과 존립의 정당성은 핵심 조직들이 그들에게 갖는 의존도에 의해 크게 좌우되기 때문입니다(그림 1.16).

기능적 조직의 성격을 가지면서 경영 목적에 이익 극대화를 포함하는 조직들은 '파트너'로 분류됩니다.

8 국내 파트너

그림 1.17 스포츠 조직과 국내 파트너 조직의 관계

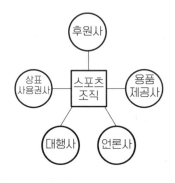

'국내 파트너(Domestic Partner, 이하 파트너)'는 스포츠의 가치가 확산될 수 있도록 국가 스포츠 거버넌스 조직들에 조력하는 비(非)스포츠 영리 조직 5개 군을 통칭합니다(그림 1.17). 이들은 사업의 외연 확대를 위해 스포츠 조직에 유·무형의 서비스를 제공하고, 그 대가로 자사 브랜드 홍보 등의 배타적 권리를 부여받습니다. 배타적 권리 부여란 동종업계의 타 기업은 해당 스포츠 조직의 자산에 접근하지 못하도록 막아 파트너사의 이익을 보장하는 조치를 의미합니다.

'파트너'는 스포츠계 모든 조직들과 크고 작은 협력 관계를 구축하고 있습니다(그림 1.18). 각 파트너는 자체 마케팅 전략에 따라 조직 차원의 파트너가 되기도 하고, 특정 이벤트 또는 선수 차원의 파트너가 되기도 합니다. 이들이 제공하는 사항과 조건, 그리고 프로그램 개발 및 운영 범위는 계약당사자 간 협의에 따라 모두 다릅니다. 프로그램에는 자선 행사, 사인회, 팬 미팅, 홍보 부스 운영, 기자회견, 경기 초청 등이 있습니다.

재정 지원의 대가로, 후원사는 자사 브랜드 홍보를 통해 기업 이미

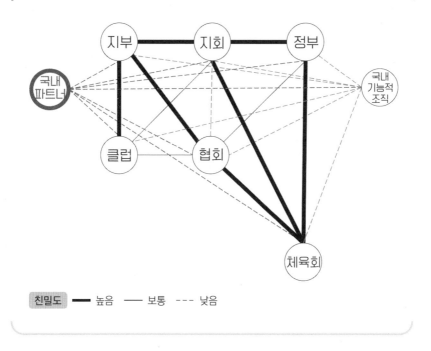

그림 1.18 국가 스포츠 거버넌스-국내 파트너

친밀도 ▬ 높음 ── 보통 --- 낮음

지를 증진하고, 언론사는 다양한 미디어플랫폼을 통해 이벤트를 (중계) 방송하며, 상표사용권사는 로고 등의 지식재산을 활용해 기념품 또는 판촉물 등을 판매해 수익을 창출합니다. 용품제공사는 경기 관련 물품 및 장비를 지원하고, 대행사는 기술, 정보, 서비스를 바탕으로 이벤트 운영의 일부를 대행해 자사의 제품 또는 서비스를 홍보합니다.

2장 국제 스포츠 거버넌스

그림 2.1   국제 스포츠 거버넌스의 주요 구성요소

'국제 스포츠 거버넌스'는 특정 국가에 법적 설립 기반을 두지만 해당국의 영토적 제한을 받지 않고 활동하는 스포츠 조직들과 이들의 관계를 통칭합니다. 이는 구성 조직들의 주요역할에 따라 크게 6개 영역 ―국가체육회 및 연합회, 국제 스포츠 종목연맹 및 연합회, 종합대회 주최기구, 임시기구, 기능조직, 파트너― 으로 구분됩니다(그림 2.1).

국제 스포츠 거버넌스를 구성하는 조직들은 통상적으로 '국제스포츠기구'로 명명합니다. 그러나 이는 '국제적으로 활동하는 스포츠 관련 기구'의 줄임말일 뿐, 실제 '국제기구'의 범주에 속함을 의미하지는 않습니다. '국제기구'는 국가 간 조약에 의해 각국 '정부'가 회원인 조직체이기 때문입니다.

국제 스포츠 거버넌스는 복잡하게 얽혀 있습니다. 그러나 근본적으

그림 2.2 국제 스포츠 거버넌스 (*IF=국제연맹; NOC=국가체육회)

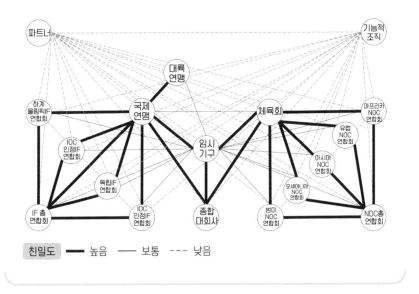

로 국가체육회들을 대표하는 국가체육회총연합회(ANOC, Association of National Olympic Committees)와 스포츠 종목들을 대표하는 국제스포츠종목연맹총연합회(GAISF, Global Association of International Sports Federations)가 양대 축을 이루고, 종합대회 주최기구를 대표하는 국제올림픽위원회(IOC, International Olympic Committee)가 그들 사이에 위치하며 전체 흐름을 주도합니다(그림 2.2). 본 3대 국제 스포츠기구 중 국제올림픽위원회의 존속 명분은 가장 약할 수 있습니다. 그러나 보유 상품인 '올림픽'의 높은 인기로 인해 정치, 경제, 행정, 사회 등 여러 측면에서 가장 강한 영향력을 행사합니다. 국제 스포츠 거버넌스를 이루는 6개 영역의 세부사항과 이들의 관계에 대해 하나씩 알아보도록 하겠습니다.

◻1 국가체육회 및 연합회

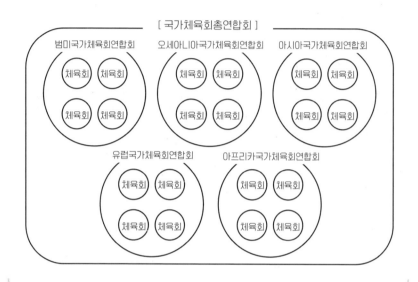

그림 2.3　국가체육회총연합회의 구성

[국가체육회총연합회]

범미국가체육회연합회

체육회　체육회

체육회　체육회

오세아니아국가체육회연합회

체육회　체육회

체육회　체육회

아시아국가체육회연합회

체육회　체육회

체육회　체육회

유럽국가체육회연합회

체육회　체육회

체육회　체육회

아프리카국가체육회연합회

체육회　체육회

체육회　체육회

'국가체육회(또는 국가올림픽위원회, National Olympic Committee, 이하 체육회)'는 국가 스포츠와 국제 스포츠를 연결하는 통로입니다. 이에 '체육회' 는 '1장. 국가 스포츠 거버넌스'에 이어 '2장. 국제 스포츠 거버넌스' 관점에서 도 조명됩니다.

국제사회에서 활동하는 모든 체육회는 5개 대륙별 연합과 국제 연 합에 소속됩니다(그림 2.3). 한국 스포츠를 대표하는 대한체육회는 아시 아국가체육회연합회인 아시아올림픽평의회(Olympic Council of Asia)와 국가체육회총연합회(ANOC)에 소속되어 있습니다. 본 통솔기구들은 회 원 조직들과 다양한 형태로 교류하며 그들의 이익보호를 위해 노력합니 다. 또한 이들에게 자원이 적절하게 분배되도록 지원하며 차별 등의 비 합법적 행위가 발생하지 않도록 감독합니다(그림 2.4).

그림 2.4   국제 스포츠 거버넌스-국가체육회 및 연합회

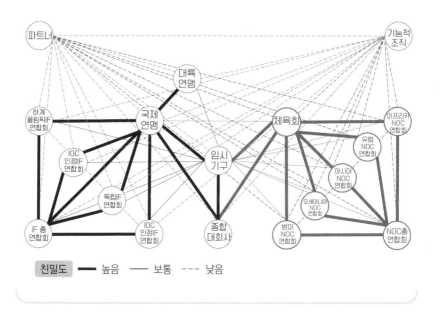

'1장. 국가 스포츠 거버넌스'에서 '체육회'는 정부의 승인을 얻음으로써 국가 내 대표 조직의 자격을 갖춤을 기술한 바 있습니다. 대외적으로는 국제올림픽위원회(IOC)의 인준을 얻어야 해당 국가 스포츠를 대표하는 단체로 인정받습니다. 승인을 얻은 체육회는 올림픽 등의 국제종합대회에 국가대표를 선발해 출전하고, 공식 채널로서 국제스포츠계에 자국의 목소리를 전달하며, 스포츠를 통한 국가 간 관계증진의 주체로 활동합니다.

2 국제스포츠종목연맹 및 연합회

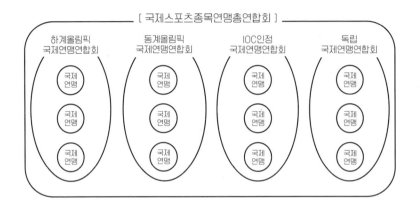

그림 2.5 국제연맹총연합회의 구성

[국제스포츠종목연맹총연합회]

| 하계올림픽
국제연맹연합회 | 동계올림픽
국제연맹연합회 | IOC인정
국제연맹연합회 | 독립
국제연맹연합회 |

'국제스포츠종목연맹(International Sport Federation, 이하 국제연맹)'은 동일 종목의 국가별 협회들이 모여 이루는 국제적 조직체입니다. 이들은 일반적으로 5-6개의 대륙 연맹을 산하에 두고 있습니다. 예를 들어, 한국축구협회, 중국축구협회, 일본축구협회 등이 모여 아시아축구연맹을 이루고, 아시아축구연맹, 유럽축구연맹, 아프리카축구연맹 등이 모여 국제축구연맹을 구성하는 식입니다.

국제스포츠사회는 특정종목을 대표하여 국제연맹총연합회(GAISF)의 회원으로 승인된 단 1개의 단체만 '국제연맹'으로 인정합니다. GAISF의 회원단체들은 4개의 하부 조직 – 하계올림픽국제연맹연합회(Association of Summer Olympic International Federations), 동계올림픽국제연맹연합회(Association of International Olympic Winter Sports Federations), IOC인정국제연맹연합회(Association of IOC Recognised International Sports Federations), 독립국제연맹연합회(Alliance of Independent Recognised Members of Sport) – 으로 구분되어 있습니다(그림 2.5).

그림 2.6　국제 스포츠 거버넌스-국제스포츠종목연맹 및 연합회

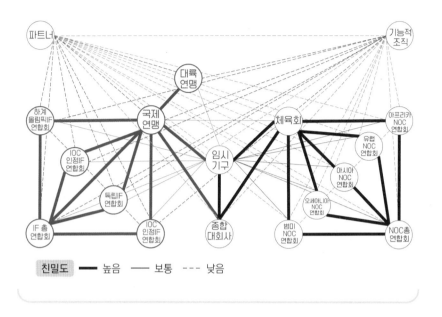

국제연맹은 종목 최고 기관으로서 해당 종목의 자치권을 갖습니다. 이를 바탕으로 대회 등의 이벤트 운영, 국제종합대회 참가, 선수 및 세부종목 관리, 조직 개발, 협회들을 위한 교류의 장 마련 등을 수행합니다. 이들은 하위 조직인 대륙연맹과 협회들을 통솔하고, 협력 조직의 각종 대회 및 행사에 주요 구성원으로 참여합니다(그림 2.6).

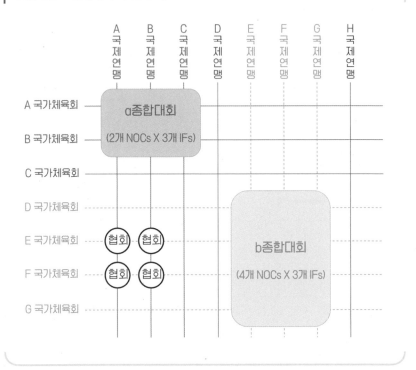

그림 **2.7** 종합대회 구성의 예

'종합대회 주최기구(Event-Platform-Right-Holder, 이하 종합대회사)'는 몇몇 국가체육회 및 국제연맹들과 협력해 정기적으로 종합스포츠대회를 여는 플랫폼비즈니스(platform business) 법인체입니다. 대표적인 예로 국제올림픽위원회(IOC)가 있습니다. 국가체육회와 국제연맹이 교차하는 지점에는 '협회'들이 위치해 있습니다. 대한체육회와 국제축구연맹의 교차점에 대한축구협회가 있는 식입니다(그림 2.7).

종합대회사는 대회별로 임시스포츠기구를 두고 이를 통해 국가체육회 및 국제연맹과 협력합니다(그림 2.8). 대회는 이들 협력 조직들의

그림 **2.8** 국제 스포츠 거버넌스-종합대회 주최기구

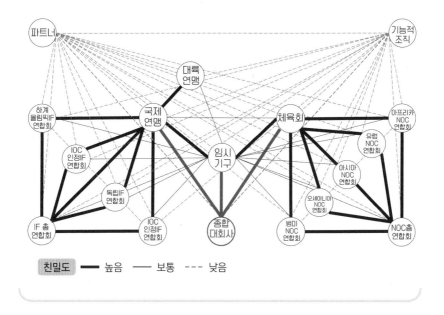

참여 형태에 따라 다양한 모습으로 조직됩니다. 예를 들어 특정 지역에 위치한 국가들을 대상으로 하는 대회, 특정 나이 대에 해당하는 이들을 대상으로 하는 대회, 유사한 특성을 가진 종목들을 대상으로 하는 대회, 그리고 군대, 경찰, 대학교 등 특정 그룹에 소속된 이들을 대상으로 하는 대회 등이 구성될 수 있습니다. 각 대회의 인기는 주최 조직의 흥망성쇠에 직접적인 영향을 미칩니다.

국가체육회들이 연합해 이루는 기구들과 국제연맹들이 연합해 이루는 기구들도 회원 조직들을 조합해 자체 대회를 갖습니다. 그러나 이들의 설립 목적과 주요 역할은 대회개최가 아니기에 '대회사'로 분류되지 않습니다.

4 임시스포츠기구

그림 2.9　임시스포츠기구의 구성

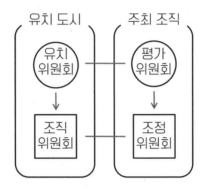

　'임시스포츠기구(Temporary Sport Organization, 이하 임시기구)'는 대회의 유치 도시와 주최 조직이 대회를 위해 특정 기간 동안 설립해 운영하는 특수 목적 조직체입니다. 이는 유치 도시의 유치위원회와 조직위원회, 그리고 주최 조직의 평가위원회와 조정위원회로 구분됩니다(그림 2.9).

　단일종목대회의 경우, 유치 절차가 협회와 지자체에서 시작됩니다. 양 조직은 합의된 유치 계획을 체육회에 보고하고, 체육회의 승인을 득한 후에 '유치위원회'를 구성합니다. 유치위원회는 유치 신청서를 작성해 협회를 통해 국제연맹에 전달하고, 신청서를 수령한 국제연맹은 심사를 위해 '평가위원회'를 구성합니다. 평가위원회는 서면심사와 현지실사를 통해 유치 후보도시를 결정하고, 국제연맹은 총회를 통해 최종 유치 도시를 선정합니다. 유치가 확정되면 유치위원회는 '조직위원회'로 탈바꿈되어 대회를 준비합니다. 국제연맹은 평가위원회를 해산하고 '조정위원회'를 구성해 조직위원회의 대회 준비과정 전반을 관리합니다.

그림 2.10 국제 스포츠 거버넌스-임시스포츠기구

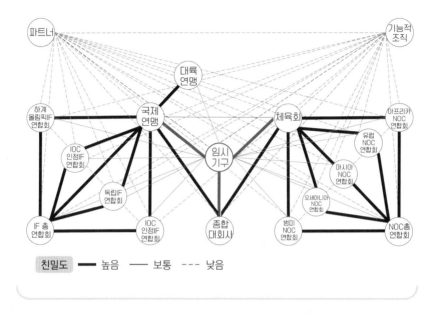

종합대회의 경우, 유치 절차가 체육회와 지자체에서 시작됩니다. 양 조직은 정부의 승인을 얻은 후 유치위원회를 구성하고, 체육회를 통해 종합대회사에 유치 신청서를 제출합니다. 이후 구성되는 평가위원회, 조직위원회, 조정위원회는 대회사별 규정에 따라 구성 주체는 달라지나 단일종목대회의 임시기구들과 동일한 절차와 목적으로 설립 및 운영됩니다. 대회 기간 동안 대회사는 조정위원회를 통해, 국제연맹과 체육회는 조직위원회를 통해 소통하고, 폐막 후 이들 임시 조직은 해산됩니다 (그림 2.10).

5 기능적 스포츠 조직

그림 2.11 기능적 스포츠 조직의 구성

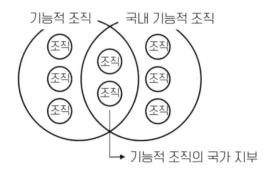

'기능적 스포츠 조직(Functional Sport Organization, 이하 기능적 조직)'은 국제 스포츠 거버넌스 조직들이 각자의 역량을 최대로 발휘할 수 있도록 측면 지원을 제공하는 독립기구들의 집합입니다. 이의 형태 및 구성원리는 '1장. 국가 스포츠 거버넌스'의 '국내 기능적 스포츠 조직'의 내용과 동일합니다.

기능 조직은 국가 스포츠 거버넌스 내에서 사업을 수행하는 '국내 기능적 조직', 국제 스포츠 거버넌스를 아울러 활동하는 '기능적 조직', 그리고 양쪽 모두에 해당하는 '기능적 조직의 국가 지부'로 구분됩니다 (그림 2.11). 예를 들어, '○○스포츠복지재단'은 스포츠를 통한 삶의 질 향상을 목표로 자국민을 위한 봉사에 초점을 맞추는 '국내 기능적 조직'입니다. '스포츠중재재판소'는 스포츠계에서 발생하는 분쟁의 해결을 위해 특정 국가에 국한되지 않고 활동하는 '기능적 조직'입니다. '국가도핑방지기구'는 자국 스포츠인을 약물로부터 보호하는 역할과 '세계도핑방지기구'의 지역 기관으로서의 역할을 동시에 수행하는 '기능적 조직의 국가 지부'입니다.

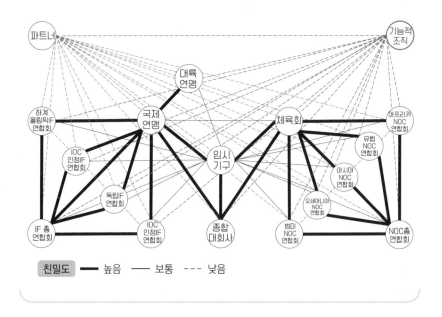

그림 2.12 국제 스포츠 거버넌스-기능적 스포츠 조직

파트너　　대륙 연맹　　기능적 조직

하계 올림픽IF 연합회　　국제 연맹　　체육회　　아프리카 NOC 연합회

IOC 인정IF 연합회　　임시 기구　　유럽 NOC 연합회

독립IF 연합회　　아시아 NOC 연합회

오세아니아 NOC 연합회

IF 총 연합회　　IOC 인정IF 연합회　　종합 대회사　　범미 NOC 연합회　　NOC총 연합회

친밀도　▬ 높음　── 보통　--- 낮음

　　기능적 조직은 특별한 제재를 받지 않고 사회의 필요에 따라 자유
로이 설립되고 타 조직들과 유연하게 협력합니다(그림 2.12). 이에 스포
츠 시스템을 다양하고 견고한 모습으로 확장해 가며 균형발전을 이루어
가는 주체로 주목받습니다. 그러나 다른 한편으로, 상위기관의 감독을
받지 않는 조직들이 도덕적 해이나 집단이기주의를 분출해 스포츠의 가
치를 훼손하는 병폐를 발생시키기도 합니다.

6 파트너

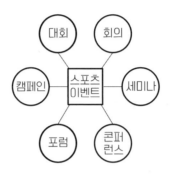
'파트너(Partner)'는 국제 스포츠 거버넌스 조직에 필요를 채워주는 대신 마케팅 권리를 얻어 상생을 꾀하는 기업 및 단체를 스포츠적 관점에서 지칭하는 표현입니다. 이의 거래 형태 및 협력 방식은 앞서 언급한 '국내 파트너'의 모습과 동일합니다.

파트너의 협력은 주로 이벤트를 중심으로 이루어집니다. 이벤트에는 각종 대회, 회의, 세미나, 콘퍼런스, 포럼, 컨벤션, 세션, 캠페인, 박람회, 전시회 등 모든 형태의 행사가 해당됩니다(그림 2.13). 스포츠 기구에서 가장 중요한 자산은 선수입니다. 이에, 가장 핵심이 되는 행사는 이들이 참여하는 '대회'입니다. '대회'는 각 조직의 선호에 따라 시합, 경기, 선수권대회, 게임, 토너먼트, 리그, 그랑프리, 그랜드슬램, 챔피언십 등의 이름으로도 불립니다.

파트너는 사실상 대부분의 거버넌스 구성 조직들과 전략적 협력관계, 즉 파트너십(partnership)을 맺고 있습니다(그림 2.14). 이들은 스포츠와 소비자가 만나 교류하는 접점들을 목표 시장으로 설정하고, 합의된 약속의 범위 안에서 활동합니다. 또한 투입한 자원 대비 기대 효과 달

그림 2.14 국제 스포츠 거버넌스-파트너

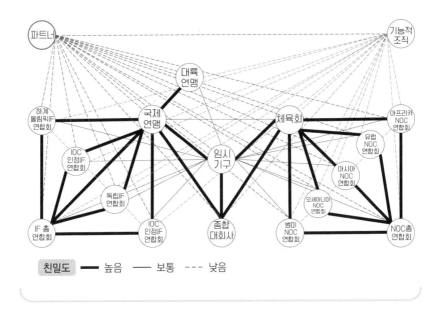

성의 정도를 정기적으로 측정해 파트너십의 존폐 또는 규모의 조정을 결정합니다. 시장 조사부터 수익 창출까지 파트너들이 기울이는 일련의 노력은 '스포츠 마케팅(sports marketing)'의 큰 부분을 차지합니다. 본 노력이 성공적으로 발현되면 스포츠의 부가가치가 높아지고, 시장에 활력이 생겨 스포츠가 여러 형태의 산업으로 파생되어 갑니다.

3장 글로벌 스포츠 거버넌스

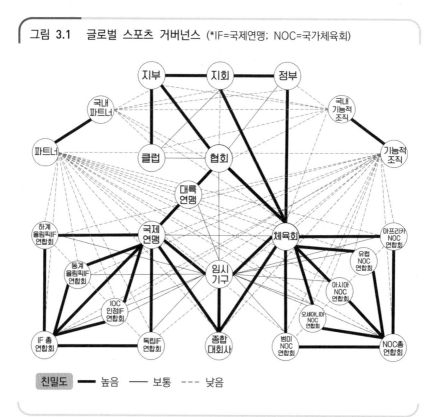

그림 3.1 글로벌 스포츠 거버넌스 (*IF=국제연맹; NOC=국가체육회)

'글로벌 스포츠 거버넌스'는 '국가 스포츠 거버넌스'와 '국제 스포츠 거버넌스'를 통칭합니다. '체육회'와 '협회'를 매개로 결합된 본 거버넌스는 전 세계 스포츠의 구조와 조직 간 관계를 한눈에 보여줍니다(그림

그림 **3.2**   국가 간 거리와 스포츠 조직

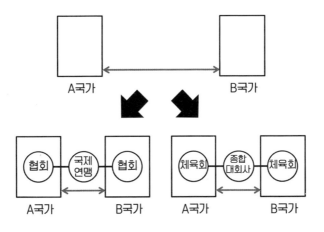

3.1). 이는 구성 부분들이 서로 밀접하고 복잡하게 연결되어 있어 '생태계(ecosystem)'에 비유되기도 하고, '생물체(a living thing)'처럼 이해되기도 하며, 보이지 않는 미묘한 질서에 따라 움직이고 있어 '은하계(galaxy)'에 빗대어 설명되기도 합니다.

글로벌 스포츠 거버넌스는 끊임없이 변화합니다. 더 나은 모습으로 발전해 가기 위한 내부의 요구에 의해 바뀌기도 하고, 급변하는 국제사회 환경에 적응하는 과정에서 타의로 변형되기도 합니다. 압박이 지속되거나 거세질 경우 '종합대회 주최기구', '기능적 스포츠 조직', '파트너'에 소속된 조직들은 그들의 역할, 목적 활동, 사업 영역 등을 수정해 다른 범주로 옮겨가기도 합니다.

본 거버넌스는 국가 간의 관계에도 영향을 줍니다. 두 국가가 일정한 거리를 유지하는 상황에서 각 국가 협회들이 국제연맹을 중심으로 협력하거나 체육회들이 종합대회를 매개로 교류하는 경우 국가 간 거리는 좁혀질 수 있습니다(그림 3.2). 반대로, 이들로 인해 갈등이 야기되어 오히려 멀어지는 경우도 종종 발생합니다.

4장

스포츠 조직 내부 거버넌스

그림 4.1　스포츠 조직 거버넌스 운영자

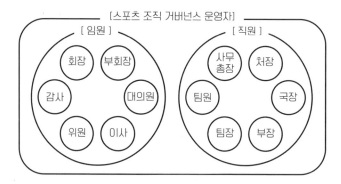

스포츠 조직은 임원과 직원이 경영합니다. '임원'은 고정급여를 받지 않는 회장, 부회장, 대의원, 이사, 위원, 감사를 지칭합니다. '직원'은 보수를 받고 일하는 사무국 근로자들을 의미하며, 직제에 따라 사무총장, 처장, 국장, 부장, 팀장, 팀원 등으로 나뉩니다(그림 4.1). '직제'란 직무, 직책, 직위, 직급에 관한 제도를 뜻합니다. '직무'는 담당하여 맡은 사무, '직책'은 직무상의 책임, '직위'는 직무에 따른 행정적 위치, '직급'은 일의 종류, 난이도, 권한, 역할 등이 유사한 직위의 집단을 의미합니다.

　임원의 경우 다양한 사람들이 그들의 전문성을 바탕으로 각 직을 하나씩 맡아 수행하는 것이 이상적입니다. 그러나 조직의 성격 및 크기

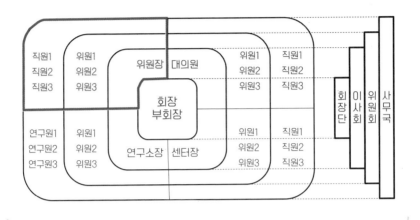

그림 4.2   스포츠 조직 내부 거버넌스의 구성

에 따라 동일 인물이 둘 이상의 역할을 맡기도 합니다.

　내부 거버넌스는 조직의 선택에 따라 유연하게 운영됩니다. 일반 기업의 직제를 차용하는 조직들도 있고, 조직 전체를 위원회로 규정해 회장을 '위원장', 부회장을 '부위원장', 이사를 '집행위원', 회원을 '위원'으로 지칭하는 조직들도 있으며, 회장을 '이사장'으로 명하고 전체 임원을 '이사'의 범주에 모두 넣어 운영하는 조직들도 있습니다.

　각 임원은 회장단, 이사회, 위원회에 소속되고, 모든 직원은 사무국에 속합니다. [그림 4.2]의 붉은색으로 표시된 부분은 동일한 업무를 수행하는 서로 다른 직위와 이의 구성원들을 나타냅니다. 내부 거버넌스의 각 직책에 대해 하나씩 알아보도록 하겠습니다.

1 회장단

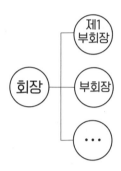

　　회장단은 회장과 부회장으로 구성됩니다. 회장은 조직을 대표하고 모든 업무를 총괄합니다. 부회장은 회장을 보좌하고, 회장이 직무 수행이 곤란할 때 이를 대행합니다. 부회장이 2인 이상인 경우 제1부회장 또는 회장대행인이 선임됩니다(그림 4.3). 회장은 임원이 선출하나 부회장은 회장이 임명합니다. 회장단은 조직 내 최고위집단으로서 타 임원들과 함께 조직 운영의 바탕을 만듭니다(그림 4.4).

　　조직의 주요한 의사결정은 최고의사결정 모임인 총회를 통해 이루어집니다. 총회의 의장은 일반적으로 회장이 맡습니다. 총회는 단위 기간에 일정하게 개최되는 '정기총회'와 필요시 임원의 요청에 따라 개최되는 '임시총회'로 구분됩니다. 총회 시 참석 임원들에는 각자의 위치에 따라 의견을 개진할 수 있는 '발언권'과 논의 안건의 결정에 참여할 수 있는 '의결권'이 구분되어 배분됩니다. 임원의 총회 참석이 불가할 경우 대리인 참석이 가능하고, 이때 대리인은 회의 내에서 원 임원과 동일한 권한을 갖습니다. 회의 소집 대신 안건에 대한 의사를 문서에 표시해 우편 (또는 전자우편)을 통해 결정을 내리는 방식인 '서면결의'는 인정되

그림 4.4   스포츠 조직 내부 거버넌스-회장단

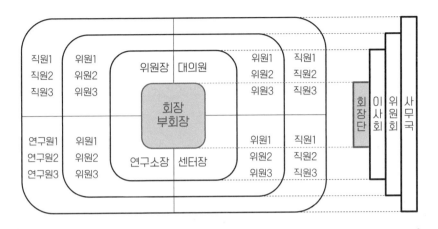

지 않습니다.

　총회에서 주로 심의·의결하는 사항은 범위에 따라 크게 세 부분으로 구분됩니다: 1) 상위 조직 관계: 보고사항 승인, 자료 제출 승인 등; 2) 자체 조직 관련: 임원의 선임 및 해임, 정관 및 세부규정의 제정 및 개정, 자산 및 재정 보고, 사업 계획 및 경영 결과 보고, 분과위원회 운영 보고 등; 3) 하위 조직 관리: 설치, 회원 가입, 등급 관리, 처벌(징계, 자격 정지, 강등, 제명), 경영보고 검토 등.

❷ 이사회

　　이사회는 조직의 업무집행에 관한 의사결정을 위해 구성된 이사들의 모임입니다. 이는 회장단, 영역별 대표, 일반이사 그리고 감사로 이루어집니다(그림 4.5). 이들은 회장의 추천과 총회의 동의를 거쳐 선임됩니다. '회장단'을 따로 두지 않고 회장과 부회장을 '이사회'의 일부로 두는 조직들도 있습니다. 회장단과 이사회가 상호보완적 관계를 이루고 있기에 가능한 조치입니다(그림 4.6).

　　영역별 대표란 각 위원회를 대표하는 의장(또는 위원장), 연구소 또는 센터 등 부속기관의 장, 지역별 대표 등을 의미합니다. 일반이사는 조직의 외연 확대와 전문성 증진을 위해 영입하는 개별인사입니다. 감사는 조직의 재산상황, 예산집행, 이사회의 운영 등을 살피는 임원으로서 부정한 사항 발견 시 이를 총회 또는 이사회에 보고하는 역할을 수행합니다. 발언권은 있으나 의결권은 없습니다.

　　이사회 회의는 총회와 마찬가지로 단위 기간에 일정하게 개최되는 '정기이사회'와 필요에 따라 소집되는 '임시이사회'로 구분됩니다. 이사회는 조직의 경영을 담당하는 전문가들로 구성되어 있어 대리인은 인정하지 않습니다. 안건이 긴급할 경우 서면결의 진행이 가능합니다.

그림 4.6   스포츠 조직 내부 거버넌스-이사회

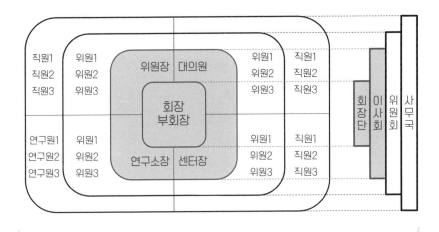

이사회는 총회에서 특별히 규정한 사항을 제외한 모든 업무집행에 의사결정권이 있습니다. 이사회 회의에서 심의·의결하는 사항은 총회의 권한 안에서 이루어지지만, 총회에서 논의되는 안건은 이사회를 거쳐 상정됩니다. 임원 및 규정 등과 관련된 주요 사항은 상위 단체의 승인을 얻은 후 시행이 가능합니다.

③ 위원회

그림 4.7　위원회의 구성

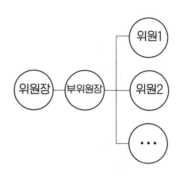

　　조직은 자문이 필요한 분야에 '위원회'를 설치해 운영합니다. 이는 '분과위원회' 또는 '자문위원회'로도 불립니다. 회장이 각 위원회의 설립 목적에 부합한 경력과 전문지식을 보유하고 있는 자를 위원장, 부위원장, 위원으로 위촉합니다. 위원장이 회장의 위임을 받아 본인이 이끄는 위원회의 구성원을 직접 선임하기도 합니다(그림 4.7).

　　위원회는 이사회 의결로 설립되고, 운영에 필요한 사항은 각 위원회의 별도 규정에 따릅니다. 위원들은 전문성을 바탕으로 회장단과 이사회에 정기보고를 통해 제언하지만 의사결정권은 없습니다(그림 4.8). 가장 중요한 분과위원회 중 하나로 인정되는 그룹은 '선수위원회'입니다. 본 위원회는 상위 조직의 선수위원회 및 하위 조직의 선수위원회와 체계적으로 협력해 경기장 안팎에서 선수들의 권익을 보호하고, 선수들의 목소리를 조직 지도부에 전달하는 역할을 수행합니다.

　　'위원회'는 영문으로 'Committee[커미티]' 또는 'Commission[커미션]'으로 표기합니다. 스포츠 분야에서 이 두 단어는 차등 없이 혼용됩니다. 예를 들어, 국제올림픽위원회는 영문 조직명 자체를 'International

그림 4.8　스포츠 조직 내부 거버넌스-위원회

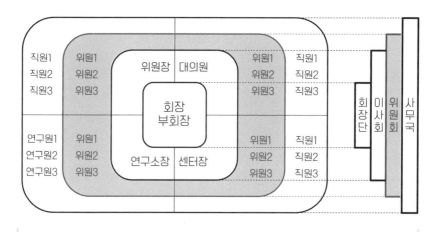

Olympic Committee[커미티]'로 규정하면서 내부 윤리위원회는 'Ethics Commission[커미션]'으로, 감사위원회는 'Audit Committee[커미티]'로 이름합니다.

　위원회의 원활한 운영을 위해 각 위원회와 사무국의 부서들은 짝을 이루어 직접적으로 협력합니다. 예를 들어, 마케팅위원회는 사무국의 '마케팅부'와, 미디어위원회는 사무국의 '미디어팀'과 직접적으로 연계해 각자의 위치에서 동일한 목표 달성을 위해 노력합니다.

4 사무국

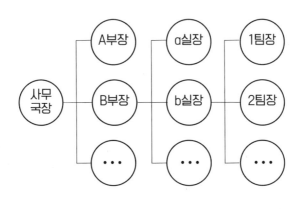

사무국은 조직의 사무행정을 담당합니다. 이는 사무국장과 직원으로 구성됩니다. 사무국장은 사무국의 수장인 동시에 '보수를 받는 임원'으로 구분되어 '상임임원'으로도 불립니다. 조직에 따라 '사무국장'을 '사무총장'으로 지칭하는 경우도 있지만 그 역할은 동일합니다. '사무국'을 '사무처'로 규정한 조직은 수장을 '사무처장'으로 명명합니다. 사무국장은 회장을 보좌하며, 직원들을 지휘 및 감독하고, 사무국 업무를 총괄합니다. 이사회의 동의를 받아 회장이 임명함으로 직무수행이 시작되고, 사무국을 대표해 이사회 회의에 참석합니다. 회의 시 발언권은 있으나 의결권은 없습니다.

사무국은 필요에 따라 사업영역별로 ○○부, ○○실, ○○팀 등의 담당부서를 두고 '직원'을 배치합니다. '부'의 수장은 '부장', '실'의 수장은 '실장', '팀'의 수장은 '팀장'이라 부릅니다(그림 4.9).

부서명은 정형화되지 않아 조직의 편의대로 결정됩니다. 다시 말해, '○○부'와 '○○실'이 동등 수준으로 취급되거나 상하 관계가 바뀌어 운영될 수도 있습니다. 부서장들은 연결된 각 위원회의 회의 및 활

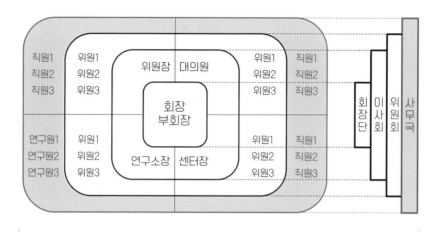

그림 4.10 스포츠 조직 내부 거버넌스-사무국

동에 참여해 행정적 측면을 보조합니다.

사무국은 상부에서 결정한 사안을 실행하는 주체로서 총회 또는 이사회의 승인을 얻은 직제, 인사, 복무, 보수, 감사, 회계, 예산, 교육, 사무관리, 자산관리 등의 규정 및 지침에 따라 운영됩니다. 직원은 계약 형태에 따라 관리직, 운영직, 일반직, 전문직, 기술직, 별정직, 실무직 등으로 구분되며, 업무시간 등 각자의 근무 조건은 개별 계약에 따라 다릅니다(그림 4.10).

닫는 글

스포츠는 놀이를 추구하는 인간이 이룬 사회에서 발생하는 자연적 유희 현상입니다. 이에 그 구조에 대한 연구는 시대와 상황, 그리고 다양한 관점들에 따라 각각 대중없는 결과물을 양산해 왔습니다. 하지만 가장 지속가능한 '거버넌스' 중심의 통찰로 인해 이제 스포츠 현상은 일관성 있는 관찰과 이의 진보를 통한 지식축적이 가능하게 되었습니다.

스포츠 거버넌스와 이를 구성하는 세부 조직들은 낱낱의 부분이 연결된 체계를 가진 대상들에 빗대어 이해될 수 있습니다. 우리 몸의 틀을 유지하는 뼈는 '스포츠 조직', 이를 감싸고 보호하는 근육은 '조직의 주위 요소들'로 가정해 유기적 관련성을 떠올릴 수 있습니다. 나의 현재 위치는 내가 속한 조직, 도달하고자 하는 목표 지점은 나의 관심 조직, 장소들 사이의 길은 조직 간 관계로 생각해 '지도'로써의 '거버넌스'도 연상할 수 있습니다.

본서는 새로 개념화된 스포츠 조직이론을 담았습니다. 소개된 내용들이 스포츠 사회과학 연구에 생생한 관점을 제공하고 현장 활동 지침에 근간이 되어 학문적·실무적 자산으로 기여할 수 있길 희망합니다. 무엇보다 스포츠를 공부하는 학생들이 본서를 통해 '스포츠 거버넌스'의 형상을 인지하고, 자신의 진로에 함께할 조직들에 대해 명확히 이해할 수 있길 바랍니다.

참고문헌

오준혁 (2012). 스포츠 이벤트의 체험, 애착, 몰입의 관계에 대한 연구. 미출판 석사학위논문, 서울대학교 대학원, 서울.

오준혁 (2019년 5월 21일). 국민체육진흥법 개정안, 스포츠 선진화의 디딤돌인가 걸림돌인가. 대한체육회 공식블로그, https://blog.naver.com/sports_7330/221543041243.

오준혁 (2019년 9월 5일). 대한체육회 분리, 체육단체 선진화를 위한 혁신인가? 대한체육회 공식블로그, https://blog.naver.com/sports_7330/221639392953.

오준혁 (2019년 11월 13일). 주짓수의 성장과 미래. 대한체육회 공식블로그, https://blog.naver.com/sports_7330/221706549602.

Alliance of Independent Recognised Members of Sport (2018). Statutes. Retrieved May 29, 2019, from https://drive.google.com/file/d/1fDxLdK2Qqq4213qa3X1pEv−XDaVNgweY/view.

Association of National Olympic Committees (2018). Constitution. Retrieved May 29, 2019, from https://www.anocolympic.org/downloads/2018−11−28−anoc−document−anoc−constitution−en.pdf.

Association of Summer Olympic International Federations (2018). Statutes. Retrieved May 29, 2019, from https://www.asoif.com/sites/default/files/download/asoif_statutes_2018.pdf.

Association of the IOC Recognised International Sports Federations (2017). Statutes. Retrieved May 29, 2019, from https://www.arisf.sport/download/arisf_statutes_as_adopted_at_ga_20170403_aarhus.pdf.

European Olympic Committees (2019). Articles of Association. Retrieved March 1, 2020, from https://www.eurolympic.org/wp−content/uploads/2020/01/Statuto_Coe_web_3_February_2020.pdf.

Global Association of International Sports Federations (2019). Statutes. Retrieved May 29, 2019, from https://gaisf.sport/wp－content/uploads/gaisf－statutes－2019－eng.pdf.

International Olympic Committee (2019). Olympic Charter. Retrieved March 1, 2020, from https://stillmed.olympic.org/media/Document%20Library/OlympicOrg/General/EN－Olympic－Charter.pdf.

OH, J. H. (2019). Global sporting performance of nations－A method for measuring the level of national sport's policies. Unpublished doctoral dissertation, Faculté des sciences sociales et politiques, Université de Lausanne, Switzerland.

Olympic Council of Asia (2019). Constitution and Rules. Retrieved May 29, 2019, from https://ocasia.org/AdminPanel/UploadFiles/Default/530443853_OCA%20Constitution%202019%20new3.pdf.

Panam Sports (2018). Retrieved May 29, 2019, from https://www.panamsports.org/downloads/pdf/PANAM_SPORTS_CONSTITUTION_2018.pdf.

United Nations Educational, Scientific and Cultural Organization (2015). International Charter of Physical Education, Physical Activity and Sport. Retrieved May 29, 2019, from https://unesdoc.unesco.org/ark:/48223/pf0000235409.

제2권

국제스포츠종목연맹
디렉토리

SPORTS GOVERNANCE

국제스포츠종목연맹총연합회(GAISF)는 국제연맹(IF)과 이의 관련 기구들을 아우르는 국제스포츠 대표기관입니다. GAISF는 회원 조직들의 권익을 보호하고, 내부의 크고 작은 목소리를 외부에 대변합니다. 현재 95개의 IF가 소속되어 있고 이들은 4개의 범주―하계올림픽국제연맹연합회(ASOIF, 28개), 동계올림픽국제연맹연합회(AIOWF, 7개), IOC인정국제연맹연합회(ARISF, 41개), 독립국제연맹연합회(AIMS, 19개)―로 구분되어 있습니다. 범주화된 세부 조직들은 회원 IF들 간 교류를 독려하며 일선에서 그들 공동의 이익을 추구합니다. 국제올림픽위원회(IOC)가 2020년 1월 AIMS 소속 IF들을 일괄 승인함에 따라 GAISF 소속 IF들은 모두 IOC의 인정을 받게 되었습니다. 올림픽 종목이 되기 위한 절차였던 'AIMS 진입 → ARISF 진입 → ASOIF 또는 AIOWF 진입'은 'AIMS 또는 ARISF 진입 → ASOIF 또는 AIOWF 진입'으로 그 과정이 간결해졌습니다. ARISF와 AIMS에 속한 IF들은 올림픽 종목 진입을 두고 동등한 위치에서 경쟁을 하는 상황이 되었습니다.

'제2권'은 세부 통솔기구를 기준으로 총 4개장으로 구분되어 있습니다. 각 장은 소속된 IF들과 그들 산하 아시아연맹 및 국내협회에 대한 정보를 차례로 제시합니다. '아시아연맹'은 상위기관인 IF의 인정을 받고 별도의 정관을 갖춘 독립 조직으로 규정하였습니다. 이에 대륙종합대회 참가 등을 위해 구성된 비공식 조직체는 모두 제외되었습니다. '회원국 수'는 '국가별 협회 수'를 의미하고, 동일 국가 내 2개 이상의 협회를 모두 인정하는 연맹들의 경우 이는 '국가 수' 기준으로 표기되었습니다.

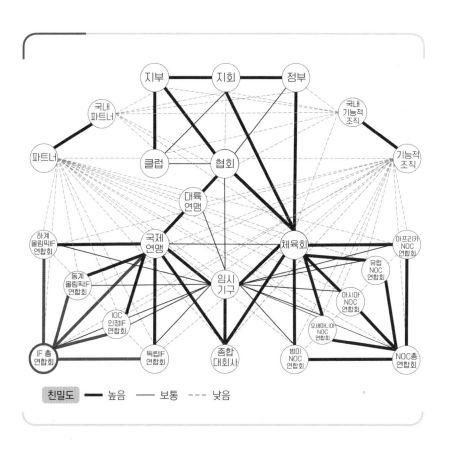

 친밀도 ━ 높음 ── 보통 --- 낮음

GAISF
One Voice for all Sport

국제스포츠종목연맹총연합회(GAISF, Global Association of International Sports Federations)

- 본부 소재지: 스위스 로잔
- 공식 언어: 영어, 프랑스어
- 설립연도: 1967년
- 가맹 국제연맹 수: 95개
- 홈페이지: https://gaisf.sport
- 이메일: gaisf@gaisf.sport
- 전화번호: 0041 21 612 3070
- 팩스번호: 0041 21 612 3071
- 주소: Maison du Sport International, Avenue de Rhodanie 54, CH-1007 Lausanne, Switzerland

1장

하계올림픽국제연맹연합회(ASOIF)

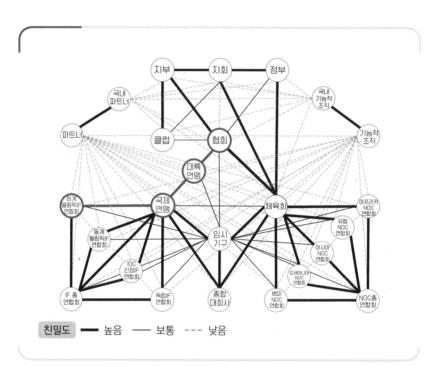

하계올림픽국제연맹연합회(ASOIF, Association of Summer Olympic International Federations)

- 본부 소재지: 스위스 로잔
- 공식 언어: 영어, 프랑스어
- 설립연도: 1983년
- 가맹 국제연맹 수: 28개
- 홈페이지: www.asoif.com
- 이메일: info@asoif.com
- 전화번호: 0041 21 601 4888
- 팩스번호: 0041 21 601 4889
- 주소: Maison du Sport International, Avenue de Rhodanie 54, CH-1007 Lausanne, Switzerland

1. 골프(GOLF)

국제골프연맹(International Golf Federation)

- 본부 소재지: 스위스 로잔
- 공식 언어: 영어
- 설립연도: 1958년
- 회원국 수: 146개
- 홈페이지: www.igfgolf.org
- 이메일: info@igfmail.org
- 전화번호: 0041 21 623 1212
- 팩스번호: 0041 21 601 6477
- 주소: Maison du Sport International, Avenue de Rhodanie 54, CH-1007 Lausanne, Switzerland
- 국제골프연맹 채용정보: www.igfgolf.org/about-igf/igf-job-center

아시아태평양골프연맹(Asia-Pacific Golf Confederation)

- OCA 관계: 가맹
- 본부 소재지: 호주 멜버른(호주 협회 내)
- 설립연도: 1963년
- 회원국 수: 45개
- 홈페이지: www.asiapacificgolf.org
- 이메일: nickshan@randa.org
- 전화번호: 0061 3 9626 5050
- 팩스번호: 0061 3 9626 5095
- 주소: Level 3, 95 Coventry Street, South Melbourne 3205, Victoria Australia

대한골프협회(Korea Golf Association)

- 대한체육회 관계: 가맹(1986년)
- 설립연도: 1965년
- 홈페이지: www.kgagolf.or.kr
- 이메일: kga@kgagolf.or.kr
- 전화번호: 031 955 2255
- 팩스번호: 031 955 2300
- 주소: 경기도 파주시 회동길 174(문발동)

2. 근대5종(MODERN PENTATHLON)

국제근대5종연맹(Union Internationale de Pentathlon Moderne)

- 본부 소재지: 모나코
- 공식 언어: 영어
- 설립연도: 1948년
- 회원국 수: 124개
- 홈페이지: www.uipmworld.org
- 이메일: uipm@pentathlon.org
- 전화번호: 00377 9777 8555
- 팩스번호: 00377 9777 8550
- 주소: Stade Louis II, Entrée E, 13 Avenue des Castelans, MC-98000 Monaco
- 국제근대5종연맹 채용정보: www.uipmworld.org/jobs

아시아근대5종연맹(Asian Modern Pentathlon Confederation)

- OCA 관계: 가맹
- 본부 소재지: 대한민국 서울
- 설립연도: 1987년
- 회원국 수: 32개
- 홈페이지: www.uipmworld.org/asia
- 이메일: mpbuk@unitel.co.kr
- 전화번호: 02 423 3056
- 팩스번호: 02 416 8091
- 주소: 서울 송파구 올림픽로 424 올림픽경기장 171

대한근대5종연맹(Korea Modern Pentathlon Federation)

- 대한체육회 관계: 가맹(1987년)
- 설립연도: 1982년
- 홈페이지: www.pentathlon.or.kr
- 이메일: mpbuk@unitel.co.kr
- 전화번호: 02 423 3056
- 팩스번호: 02 416 8091
- 주소: 서울 송파구 올림픽로 424 올림픽역도경기장 4층

3. 농구(BASKETBALL)

국제농구연맹(Fédération Internationale de Basketball)
- 본부 소재지: 스위스 미스
- 공식 언어: 영어, 프랑스어
- 설립연도: 1932년
- 회원국 수: 213개
- 홈페이지: www.fiba.basketball
- 이메일: info@fiba.basketball
- 전화번호: 0041 22 545 0000
- 팩스번호: 0041 22 545 0099
- 주소: Route Suisse 5, 1295 Mies, Switzerland
- 국제농구연맹 채용정보: www.fiba.basketball/careers

아시아농구연맹(FIBA Asia)
- OCA 관계: 가맹
- 본부 소재지: 레바논 베이루트
- 설립연도: 1960년
- 회원국 수: 44개
- 홈페이지: www.fiba.basketball/asia
- 이메일: hagop.khajirian@fiba.basketball
- 전화번호: 00961 1 26 7888
- 팩스번호: 00961 1 26 7888
- 주소: Bourj Hamoud 52 Aboud Street Harboyan Trade Center-3rd Floor, Beirut, Lebanon

대한민국농구협회(Korea Basketball Association)
- 대한체육회 관계: 가맹(1987년)
- 설립연도: 1925년
- 홈페이지: www.koreabasketball.or.kr
- 이메일: kba-information@naver.com
- 전화번호: 02 420 4221
- 팩스번호: 02 420 4225
- 주소: 서울 송파구 올림픽로 424 올림픽테니스경기장 2층

4. 럭비(RUGBY)

세계럭비연맹(World Rugby)
- 본부 소재지: 아일랜드 더블린
- 공식 언어: 영어
- 설립연도: 1886년
- 회원국 수: 120개
- 홈페이지: www.worldrugby.org
- 이메일: info@worldrugby.org
- 전화번호: 00353 1 240 9200
- 팩스번호: 00353 1 240 9201
- 주소: 8-10, Pembroke Street Lower, Dublin, Ireland
- 세계럭비연맹 채용정보:
  https://career012.successfactors.eu/career?company=worldrugbyP

아시아럭비연맹(Asia Rugby)
- OCA 관계: 가맹
- 본부 소재지: 홍콩
- 설립연도: 1871년
- 회원국 수: 31개
- 홈페이지: www.asiarugby.com
- 이메일: info@asiarugby.com
- 전화번호: 00852 2 504 8636
- 팩스번호: 00852 2 576 7237
- 주소: Room 2001A, Olympic House, 1 Stadium Path, So Kam Po, Causeway Bay, Hong Kong

대한럭비협회(Korea Rugby Union)
- 대한체육회 관계: 가맹(1953년)
- 설립연도: 1946년
- 홈페이지: www.rugby.or.kr
- 이메일: rugby@sports.or.kr
- 전화번호: 02 420 4244
- 팩스번호: 02 420 4246
- 주소: 서울 송파구 올림픽로 424 올림픽테니스경기장 306호

5. 레슬링(WRESTLING)

세계레슬링연맹(United World Wrestling)
- 본부 소재지: 스위스 코르시에쉬르보베
- 공식 언어: 영어, 프랑스어
- 설립연도: 1905년
- 회원국 수: 185개
- 홈페이지: www.unitedworldwrestling.org
- 이메일: info@unitedworldwrestling.org
- 전화번호: 0041 21 312 8426
- 팩스번호: 0041 21 323 6073
- 주소: Rue du Château 6, 1804 Corsier-sur-Vevey Switzerland
- 세계레슬링연맹 채용정보: https://unitedworldwrestling.org/about-uww/articles

아시아레슬링연맹(UWW Asia)
- OCA 관계: 가맹
- 본부 소재지: 카자흐스탄 알마티
- 설립연도: 1973년
- 회원국 수: 39개
- 홈페이지: www.uww.asia
- 이메일: office@uww.asia
- 전화번호: 007 771 413 1370
- 팩스번호: -
- 주소: St. Abaya 48A, Almaty city, Republic of Kazakhstan

대한레슬링협회(Korea Wrestling Federation)
- 대한체육회 관계: 가맹(1946년)
- 설립연도: 1946년
- 홈페이지: www.kor-wrestling.or.kr
- 이메일: wrestling@sports.or.kr
- 전화번호: 02 420 4255
- 팩스번호: 02 420 4254
- 주소: 서울 송파구 올림픽로 424 올림픽테니스경기장 309호

6. 배구(VOLLEYBALL)

국제배구연맹(Fédération Internationale de Volleyball)
- 본부 소재지: 스위스 로잔
- 공식 언어: 영어, 프랑스어, 스페인어, 아랍어, 포르투갈어, 러시아어
- 설립연도: 1947년
- 회원국 수: 222개
- 홈페이지: www.fivb.com
- 이메일: info@fivb.org
- 전화번호: 0041 21 345 3535
- 팩스번호: 0041 21 345 3545
- 주소: Château les Tourelles, Ch. Edouard-Sandoz 2-4, 1006 Lausanne, Switzerland
- 국제배구연맹 채용정보: www.fivb.com/en/about/news

아시아배구연맹(Asian Volleyball Confederation)
- OCA 관계: 가맹
- 본부 소재지: 태국 방콕
- 설립연도: 1954년
- 회원국 수: 65개(오세아니아 지역 포함)
- 홈페이지: www.asianvolleyball.org
- 이메일: avc.bk@asianvolleyball.net
- 전화번호: 00662 136 2861
- 팩스번호: 00662 136 2864
- 주소: Room No. 1-2, 12th Floor, Main Building, Sports Authority of Thailand, 286 Ramkhamhaeng Road, Huamark, Bangkapi, Bangkok 10240, Thailand

대한민국배구협회(Korea Volleyball Association)
- 대한체육회 관계: 가맹(1946년)
- 설립연도: 1946년
- 홈페이지: www.kva.or.kr
- 이메일: kva@kva.or.kr
- 전화번호: 02 578 9025
- 팩스번호: 02 6499 1215
- 주소: 서울 강동구 양재대로 1303 평원빌딩 6층

7. 배드민턴(BADMINTON)

세계배드민턴연맹(Badminton World Federation)
- 본부 소재지: 말레이시아 쿠알라룸푸르
- 공식 언어: 영어
- 설립연도: 1934년
- 회원국 수: 194개
- 홈페이지: www.bwfbadminton.com
- 이메일: bwf@bwfbadminton.org
- 전화번호: 0060 3 2381 9188
- 팩스번호: 0060 3 2303 9688
- 주소: Level 29, Naza Tower, Platinum Park, No. 10, Persiaran KLCC, 50088 Kuala Lumpur, Malaysia
- 세계배드민턴연맹 채용정보: https://corporate.bwfbadminton.com/about/careers

아시아배드민턴연맹(Badminton Asia)
- OCA 관계: 가맹
- 본부 소재지: 말레이시아 셀랑고르
- 설립연도: 1959년
- 회원국 수: 43개
- 홈페이지: www.badmintonasia.org
- 이메일: admin@badmintonasia.org
- 전화번호: 0060 3 7733 8962
- 팩스번호: 0060 3 7732 8958
- 주소: Unit 1016, 10th Floor(lift Lobby 3), Block A, Damansara Intan, Jalan SS20/27, 47400, Petaling Jaya, Selangor, Malaysia

대한배드민턴협회(Badminton Korea Association)
- 대한체육회 관계: 가맹(1962년)
- 설립연도: 1957년
- 홈페이지: www.badmintonkorea.org
- 이메일: bka@bka.kr
- 전화번호: 02 421 2723
- 팩스번호: 02 420 4270
- 주소: 서울 송파구 올림픽로 424 SK핸드볼경기장 108호

8. 복싱(BOXING)

국제복싱연맹(International Boxing Association)
- 본부 소재지: 스위스 로잔
- 공식 언어: 아랍어, 영어, 프랑스어, 러시아어, 스페인어
- 설립연도: 1946년
- 회원국 수: 201개
- 홈페이지: www.aiba.org
- 이메일: info@aiba.org
- 전화번호: 0041 21 321 2777
- 팩스번호: 0041 21 321 2772
- 주소: Maison du Sport International, Avenue de Rhodanie 54, CH-1007 Lausanne, Switzerland
- 국제복싱연맹 채용정보: www.aiba.org/jobs

아시아복싱연맹(Asian Boxing Confederation)
- OCA 관계: 가맹
- 본부 소재지: 아랍에미리트 아부다비
- 설립연도: 1962년
- 회원국 수: 44개
- 홈페이지: www.asbcnews.org
- 이메일: info@asbcnews.org
- 전화번호: 00971 2 447 2000
- 팩스번호: -
- 주소: Zayed Sports City Stadium, Al Rawdah W57, Abu Dhabi, United Arab Emirates

대한복싱협회(Boxing Association of Korea)
- 대한체육회 관계: 가맹(1953년)
- 설립연도: 1932년
- 홈페이지: http://boxing.sports.or.kr
- 이메일: boxing@sports.or.kr
- 전화번호: 02 420 4251
- 팩스번호: -
- 주소: 서울 송파구 올림픽로 424 올림픽회관 507호

9. 사격(SHOOTING)

국제사격연맹(International Shooting Sport Federation)
- 본부 소재지: 독일 뮌헨
- 공식 언어: 영어, 프랑스어, 독일어, 러시아어, 스페인어, 중국어, 아랍어
- 설립연도: 1907년
- 회원국 수: 161개
- 홈페이지: www.issf-sports.org
- 이메일: munich@issf-sports.org
- 전화번호: 0049 89 544 3550
- 팩스번호: 0049 89 544 35544
- 주소: Widenmayerstrasse 16, 80538 Munich, Germany
- 국제사격연맹 채용정보: www.issf-sports.org/theissf/academy/job_advertisements.ashx

아시아사격연맹(Asian Shooting Confederation)
- OCA 관계: 가맹
- 본부 소재지: 쿠웨이트
- 설립연도: 1966년
- 회원국 수: 44개
- 홈페이지: www.asia-shooting.org
- 이메일: asc@asia-shooting.org
- 전화번호: 00965 2 467 4747
- 팩스번호: 00965 2 467 6303
- 주소: P.O. Box 195, Hawally 32002, Kuwait

대한사격연맹(Korea Shooting Federation)
- 대한체육회 관계: 가맹(1956년)
- 설립연도: 1955년
- 홈페이지: www.shooting.or.kr
- 이메일: shooting@sports.or.kr
- 전화번호: 02 972 5654
- 팩스번호: 02 972 5653
- 주소: 서울 노원구 화랑로 653

10. 수영(SWIMMING)

국제수영연맹(Fédération Internationale de Natation)
- 본부 소재지: 스위스 로잔
- 공식 언어: 영어, 프랑스어
- 설립연도: 1908년
- 회원국 수: 209개
- 홈페이지: www.fina.org
- 이메일: sportsdep@fina.org
- 전화번호: 0041 21 310 4710
- 팩스번호: 0041 21 312 6610
- 주소: Chemin de Bellevue 24a/24b, CH-1005, Lausanne, Switzerland
- 국제수영연맹 채용정보: www.fina.org/careers

아시아수영연맹(Asia Swimming Federation)
- OCA 관계: 가맹
- 본부 소재지: 오만 무스카트
- 설립연도: 1978년
- 회원국 수: 45개
- 홈페이지: -
- 이메일: aasf@omantel.net.om
- 전화번호: 00968 244 96 161
- 팩스번호: 00968 244 90 660
- 주소: P.O. Box 743 Muttrah, PC 114 Muscat, Oman

대한수영연맹(Korea Swimming Federation)
- 대한체육회 관계: 가맹(1954년)
- 설립연도: 1929년
- 홈페이지: www.korswim.co.kr
- 이메일: korswim@chol.com
- 전화번호: 02 420 4236
- 팩스번호: 02 420 6934
- 주소: 서울 송파구 올림픽로 424 올림픽공원 테니스경기장 243호

11. 승마(EQUESTRIAN)

국제승마연맹(Fédération Équestre Internationale)

- 본부 소재지: 스위스 로잔
- 공식 언어: 영어, 프랑스어
- 설립연도: 1921년
- 회원국 수: 137개
- 홈페이지: www.fei.org
- 이메일: info@fei.org
- 전화번호: 0041 21 310 4747
- 팩스번호: 0041 21 310 4760
- 주소: HM King Hussein I Building, Chemin de la Joliette 8, 1006 Lausanne, Switzerland
- 국제승마연맹 채용정보: https://inside.fei.org/fei/jobs

아시아승마연맹(Asian Equestrian Federation)

- OCA 관계: 가맹
- 본부 소재지: 카타르 도하
- 설립연도: 1978년
- 회원국 수: 34개
- 홈페이지: www.asianef.org
- 이메일: secretariat@asianef.org
- 전화번호: 00974 4470 8484
- 팩스번호: 00974 4482 0605
- 주소: Al Furusiya Ra Al Rayyan, P.O. BOX 24464, Doha, Qatar

대한승마협회(Korea Equestrian Federation)

- 대한체육회 관계: 가맹(1946년)
- 설립연도: 1945년
- 홈페이지: http://kef.sports.or.kr
- 이메일: kef@sports.or.kr
- 전화번호: 02 422 7563
- 팩스번호: 02 420 4264
- 주소: 서울 송파구 올림픽로 424 테니스경기장 303호

12. 양궁(ARCHERY)

세계양궁연맹(World Archery)

- 본부 소재지: 스위스 로잔
- 공식 언어: 영어
- 설립연도: 1931년
- 회원국 수: 165개
- 홈페이지: www.worldarchery.sport
- 이메일: info@archery.org
- 전화번호: 0041 21 614 3050
- 팩스번호: 0041 21 614 3055
- 주소: Maison du Sport International, Avenue de Rhodanie 54, CH-1007 Lausanne, Switzerland
- 세계양궁연맹 채용정보: www.worldarchery.sport/news

아시아양궁연맹(World Archery Asia)

- OCA 관계: 가맹
- 본부 소재지: 대한민국 서울
- 설립연도: 1978년
- 회원국 수: 37개
- 홈페이지: www.asianarchery.com
- 이메일: asianarchery@sports.or.kr
- 전화번호: 02 420 4263
- 팩스번호: 02 420 4262
- 주소: 서울 송파구 올림픽로 424 올림픽테니스경기장 304호

대한양궁협회(Korea Archery Association)

- 대한체육회 관계: 가맹(1983년)
- 설립연도: 1922년
- 홈페이지: www.archery.or.kr
- 이메일: archery@sports.or.kr
- 전화번호: 02 420 4263
- 팩스번호: 02 420 4262
- 주소: 서울 강동구 강동대로 199 다성빌딩 6층

13. 역도(WEIGHTLIFTING)

국제역도연맹(International Weightlifting Federation)
- 본부 소재지: 헝가리 부다페스트
- 공식 언어: 영어
- 설립연도: 1905년
- 회원국 수: 193개
- 홈페이지: www.iwf.net
- 이메일: iwf@iwfnet.net
- 전화번호: 0036 1 353 0530
- 팩스번호: 0036 1 353 0199
- 주소: H-1146 Budapest, Istvánmezei út 1-3, Hungary
- 국제역도연맹 채용정보: www.iwf.net/category/news

아시아역도연맹(Asian Weightlifting Federation)
- OCA 관계: 가맹
- 본부 소재지: 카타르 도하
- 설립연도: 1958년
- 회원국 수: 45개
- 홈페이지: www.awfederation.com
- 이메일: info@awfederation.com
- 전화번호: 00974 4494 3274
- 팩스번호: -
- 주소: P.O. Box 2473, Doha, Qatar

대한역도연맹(Korea Weightlifting Association)
- 대한체육회 관계: 가맹(1945년)
- 설립연도: 1936년
- 홈페이지: www.weightlifting.or.kr
- 이메일: weightlifting@sports.or.kr
- 전화번호: 02 420 4260
- 팩스번호: 02 419 2974
- 주소: 서울 송파구 올림픽로 424 올림픽테니스경기장 311호

14. 요트(SAILING)

세계요트연맹(World Sailing)
- 본부 소재지: 영국 런던
- 공식 언어: 영어
- 설립연도: 1907년
- 회원국 수: 140개
- 홈페이지: www.sailing.org
- 이메일: office@sailing.org
- 전화번호: 0044 20 3940 4888
- 팩스번호: 0044 23 8063 5789
- 주소: 20 Eastbourne Terrace, Paddington, London, W2 6LG, United Kingdom
- 세계요트연맹 채용정보: www.sailing.org/worldsailing/secretariat/job_vacancies.php

아시아요트연맹(Asian Sailing Federation)
- OCA 관계: 가맹
- 본부 소재지: 싱가포르
- 설립연도: 1981년
- 회원국 수: 28개
- 홈페이지: www.asiansailing.org
- 이메일: info@asiansailing.org
- 전화번호: 0065 644 4455
- 팩스번호: 0065 448 0485
- 주소: National Sailing Center, 1500 East Coast Parkway, Singapore 468963

대한요트협회(Korea Sailing Federation)
- 대한체육회 관계: 가맹(1979년)
- 설립연도: 1979년
- 홈페이지: www.ksaf.org
- 이메일: ksaf@sports.or.kr
- 전화번호: 02 420 4390
- 팩스번호: 02 420 4391
- 주소: 서울 송파구 올림픽로 424 올림픽문화센터

15. 유도(JUDO)

국제유도연맹(International Judo Federation)

- 본부 소재지: 헝가리 부다페스트
- 공식 언어: 영어, 프랑스어, 스페인어
- 설립연도: 1951년
- 회원국 수: 204개
- 홈페이지: www.ijf.org
- 이메일: admin@ijf.org
- 전화번호: 0036 1 302 7270
- 팩스번호: 0036 1 302 7271
- 주소: József Attila Steet 1, 1051 Budapest, Hungary
- 국제유도연맹 채용정보: www.ijf.org/news

아시아유도연맹(Judo Union of Asia)

- OCA 관계: 가맹
- 본부 소재지: 쿠웨이트
- 설립연도: 1956년
- 회원국 수: 42개
- 홈페이지: www.onlinejua.org
- 이메일: alanzi@jua-president.com
- 전화번호: 00965 226 5349
- 팩스번호: 00965 226 5349
- 주소: P.O. Box No. 795, Safat, 13008 Kuwait

대한유도회(Korea Judo Association)

- 대한체육회 관계: 가맹(1945년)
- 설립연도: 1945년
- 홈페이지: http://judo.sports.or.kr
- 이메일: judo@sports.or.kr
- 전화번호: 02 422 0581
- 팩스번호: 02 420 4995
- 주소: 서울 송파구 올림픽로 424 올림픽컨벤션센터 1층

16. 육상(ATHLETICS)

세계육상연맹(World Athletics)

- 본부 소재지: 모나코
- 공식 언어: 영어, 프랑스어
- 설립연도: 1912년
- 회원국 수: 214개
- 홈페이지: www.worldathletics.org
- 이메일: info@worldathletics.org
- 전화번호: 00377 9310 8888
- 팩스번호: 00377 9315 9515
- 주소: 6-8, Quai Antoine 1ER, BP 359, MC 98007 Monaco Cedex
- 세계육상연맹 채용정보: www.worldathletics.org/about-iaaf/employment

아시아육상연맹(Asian Athletics Association)

- OCA 관계: 가맹
- 본부 소재지: 태국 빠툼타니
- 설립연도: 1973년
- 회원국 수: 45개
- 홈페이지: www.athleticsasia.org
- 이메일: sec@asianathleticsassociation.org
- 전화번호: 0066 2026 6321
- 팩스번호: 0065 6286 2432
- 주소: Room No. 134 Thammasat University Sports Complex, Chiangrak Road, Klongluang Pathum Thani 12121, Thailand

대한육상연맹(Korea Association of Athletics Federations)

- 대한체육회 관계: 가맹(1945년)
- 설립연도: 1945년
- 홈페이지: www.kaaf.or.kr
- 이메일: kor@mf.worldathletics.org
- 전화번호: 02 414 3032
- 팩스번호: 02 414 7771
- 주소: 서울 강동구 강동대로 199 다성빌딩 3층

17. 자전거(CYCLING)

국제자전거연맹(Union Cycliste Internationale)
- 본부 소재지: 스위스 에이글
- 공식 언어: 영어, 프랑스어
- 설립연도: 1900년
- 회원국 수: 196개
- 홈페이지: www.uci.org
- 이메일: admin@uci.ch
- 전화번호: 0041 24 468 5811
- 팩스번호: 0041 24 468 5812
- 주소: Allée Ferdi Kübler 12, 1860 Aigle, Switzerland
- 국제자전거연맹 채용정보:
  www.uci.org/news/2014/employment

아시아자전거연맹(Asian Cycling Confederation)
- OCA 관계: 가맹
- 본부 소재지: 아랍에미리트 두바이 / 인도 뉴델리
- 설립연도: 1962년
- 회원국 수: 43개
- 홈페이지: www.accasia.org
- 이메일: acccycling@hotmail.com
- 전화번호: 0091 11 280 80983
- 팩스번호: –
- 주소: (사무국 1) 2 Platinum Tower, JLT, Dubai 2185, United Arab Emirates / (사무국 2) 4th Floor, H, No B-23, Sector-12-B, Dwarka, New Delhi 110078, India

대한자전거연맹(Korea Cycling Federation)
- 대한체육회 관계: 가맹(1946년)
- 설립연도: 1946년
- 홈페이지: www.cycling.or.kr
- 이메일: cycling@sports.or.kr
- 전화번호: 02 420 4247
- 팩스번호: 02 420 4178
- 주소: 서울 송파구 올림픽로 424 올림픽컨벤션센터 1층

18. 조정(ROWING)

세계조정연맹(World Rowing)
- 본부 소재지: 스위스 로잔
- 공식 언어: 영어, 프랑스어
- 설립연도: 1892년
- 회원국 수: 153개
- 홈페이지: www.worldrowing.com
- 이메일: info@fisa.org
- 전화번호: 0041 21 617 8373
- 팩스번호: 0041 21 617 8375
- 주소: Maison du Sport International, Avenue de Rhodanie 54, CH-1007 Lausanne, Switzerland
- 세계조정연맹 채용정보: www.worldrowing.com/news

아시아조정연맹(Asian Rowing)
- OCA 관계: 가맹
- 본부 소재지: 태국 방콕
- 설립연도: 1982년
- 회원국 수: 36개
- 홈페이지: www.arfrowing.com
- 이메일: office@arfrowing.com
- 전화번호: 00662 170 9235
- 팩스번호: 00662 170 9236
- 주소: 286, 18th Floor Chalermprakiat Building, Sport Authority of Thailand Ramkhamhang Road, Huamak, Bangkapi, Bangkok, 10240 Thailand

대한조정협회(Korean Rowing Association)
- 대한체육회 관계: 가맹(1963년)
- 설립연도: 1962년
- 홈페이지: http://rowing.sports.or.kr
- 이메일: rowing@sports.or.kr
- 전화번호: 02 420 4275
- 팩스번호: 02 420 4276
- 주소: 서울 송파구 올림픽로 424 올림픽컨벤션센터

19. 철인3종(TRIATHLON)

국제철인3종연맹(International Triathlon Union)
- 본부 소재지: 스위스 로잔
- 공식 언어: 영어
- 설립연도: 1989년
- 회원국 수: 172개
- 홈페이지: www.triathlon.org
- 이메일: ituhdq@triathlon.org
- 전화번호: 0041 21 614 6030
- 팩스번호: 0041 21 614 6039
- 주소: Maison du Sport International, Avenue de Rhodanie 54, CH-1007 Lausanne, Switzerland
- 국제철인3종연맹 채용정보: www.triathlon.org/about/jobs

아시아철인3종연맹(Asian Triathlon Confederation)
- OCA 관계: 가맹
- 본부 소재지: 대한민국 서울
- 설립연도: 1991년
- 회원국 수: 35개
- 홈페이지: https://astc.triathlon.org
- 이메일: office@astc.triathlon.org
- 전화번호: 02 3431 9436
- 팩스번호: 02 3431 9437
- 주소: 서울 송파구 올림픽로 424 올림픽센터 502호

대한철인3종협회(Korea Triathlon Federation)
- 대한체육회 관계: 가맹(1997년)
- 설립연도: 1987년
- 홈페이지: www.triathlon.or.kr
- 이메일: tri@triathlon.or.kr
- 전화번호: 02 3431 6798
- 팩스번호: 02 3431 9437
- 주소: 서울 송파구 올림픽로 424 올림픽컨벤션센터 1층

20. 체조(GYMNASTICS)

FONDÉE EN 1881

국제체조연맹(Fédération Internationale de Gymnastique)
- 본부 소재지: 스위스 로잔
- 공식 언어: 영어, 프랑스어, 독일어, 스페인어, 러시아어
- 설립연도: 1881년
- 회원국 수: 152개
- 홈페이지: www.gymnastics.sport
- 이메일: info@fig-gymnastics.org
- 전화번호: 0041 21 321 5510
- 팩스번호: 0041 21 321 5519
- 주소: Avenue de la Gare 12A, 1003 Lausanne, Switzerland
- 국제체조연맹 채용정보: www.gymnastics.sport/site/opportunities/jobs.php

아시아체조연맹(Asian Gymnastics Union)
- OCA 관계: 가맹
- 본부 소재지: 카타르 도하
- 설립연도: 1982년
- 회원국 수: 38개
- 홈페이지: www.agu-gymnastics.com
- 이메일: info@agu-gymnastics.com
- 전화번호: 00974 4944 133
- 팩스번호: 00974 4944 131
- 주소: Qatar Olympic Committee Tower 10th Floor, Majlis Al Taawon Street, Al Dafna, West Bay, Doha, Qatar

대한체조협회(Korea Gymnastics Association)
- 대한체육회 관계: 가맹(1945년)
- 설립연도: 1945년
- 홈페이지: www.gymnastics.or.kr
- 이메일: gymnastics@sports.or.kr
- 전화번호: 02 420 4266
- 팩스번호: 02 420 4265
- 주소: 서울 송파구 올림픽로 424 올림픽공원 테니스경기장 308호

21. 축구(FOOTBALL)

For the Game. For the World.

국제축구연맹(Fédération Internationale de Football Association)
- 본부 소재지: 스위스 취리히
- 공식 언어: 영어, 스페인어, 프랑스어, 독일어
- 설립연도: 1904년
- 회원국 수: 211개
- 홈페이지: www.fifa.com
- 이메일: -
- 전화번호: 0041 43 222 7777
- 팩스번호: 0041 43 222 7878
- 주소: FIFA-Strasse 20, P.O. Box 8044 Zurich, Switzerland
- 국제축구연맹 채용정보: www.fifa.com/who-we-are/home-of-fifa/careers

Asian Football Confederation

아시아축구연맹(Asian Football Confederation)
- OCA 관계: 가맹
- 본부 소재지: 말레이시아 쿠알라룸푸르
- 설립연도: 1954년
- 회원국 수: 47개
- 홈페이지: www.the-afc.com
- 이메일: media@the-afc.com
- 전화번호: 00603 8994 3388
- 팩스번호: 00603 8994 2689
- 주소: Jalan 1/155B, Bukit Jalil, 57000 Kuala Lumpur, Malaysia

KFA

대한축구협회(Korea Football Association)
- 대한체육회 관계: 가맹(1945년)
- 설립연도: 1933년
- 홈페이지: www.kfa.or.kr
- 이메일: contact@kfa.or.kr
- 전화번호: 02 2002 0707
- 팩스번호: 02 2002 0611
- 주소: 서울 종로구 경희궁길 46 축구회관

22. 카누(CANOE)

국제카누연맹(International Canoe Federation)
- 본부 소재지: 스위스 로잔
- 공식 언어: 영어, 프랑스어, 독일어, 스페인어, 러시아어
- 설립연도: 1946년
- 회원국 수: 167개
- 홈페이지: www.canoeicf.com
- 이메일: info@canoeicf.com
- 전화번호: 0041 21 612 0290
- 팩스번호: 0041 21 612 0291
- 주소: Avenue de Rhodanie 54, 1007 Lausanne, Switzerland
- 국제카누연맹 채용정보: www.canoeicf.com/news

아시아카누연맹(Asian Canoe Confederation)
- OCA 관계: 가맹
- 본부 소재지: 이란 테헤란
- 설립연도: 1985년
- 회원국 수: 37개
- 홈페이지: www.canoeacc.com
- 이메일: acc-sec-gen@canoeing4all.org
- 전화번호: 0098 21 883 7007
- 팩스번호: 0098 21 883 7028
- 주소: 5th Floor, Khaghani Building, Somayyeh Street, Tehran 15875, Iran

대한카누연맹(Korea Canoe Federation)
- 대한체육회 관계: 가맹(1985년)
- 설립연도: 1983년
- 홈페이지: www.canoe.or.kr
- 이메일: canoe@sports.or.kr
- 전화번호: 02 420 4282
- 팩스번호: 02 420 4283
- 주소: 서울 송파구 올림픽로 424 올림픽공원 테니스경기장 310호

23. 탁구(Table Tennis)

국제탁구연맹(International Table Tennis Federation)
- 본부 소재지: 스위스 로잔
- 공식 언어: 영어, 아랍어, 중국어, 프랑스어, 독일어, 러시아어, 스페인어
- 설립연도: 1926년
- 회원국 수: 226개
- 홈페이지: www.ittf.com
- 이메일: ittf@ittf.com
- 전화번호: 0041 21 340 7090
- 팩스번호: 0041 21 340 7099
- 주소: Maison du Sport International, Avenue de Rhodanie 54, CH-1007 Lausanne, Switzerland
- 국제탁구연맹 채용정보: www.ittf.com/job-opportunities

아시아탁구연맹(Asian Table Tennis Union)
- OCA 관계: 가맹
- 본부 소재지: 중국 베이징
- 설립연도: 1972년
- 회원국 수: 45개
- 홈페이지: www.attu.org
- 이메일: attubj@vip.163.com
- 전화번호: 0086 10 6718 6928
- 팩스번호: 0086 10 6718 6928
- 주소: Room 602, No. 6 Zuo An Men Nei Avenue Dong Cheng District, Beijing, 100061, China

대한탁구협회(Korea Table Tennis Association)
- 대한체육회 관계: 가맹(1954년)
- 설립연도: 1945년
- 홈페이지: http://koreatta.sports.or.kr/servlets/org/Main
- 이메일: tabletennis@sports.or.kr
- 전화번호: 02 420 4240
- 팩스번호: 02 420 5913
- 주소: 서울 송파구 올림픽로 424 올림픽컨벤션센터 1층

24. 태권도(TAEKWONDO)

세계태권도연맹(World Taekwondo)

- 본부 소재지: 대한민국 서울
- 공식 언어: 한국어, 영어, 프랑스어, 스페인어
- 설립연도: 1973년
- 회원국 수: 210개
- 홈페이지: www.worldtaekwondo.org
- 이메일: info@worldtaekwondo.org
- 전화번호: 02 566 2505
- 팩스번호: 02 553 4728
- 주소: 서울 중구 세종대로(태평로 2가) 55, 부영 태평빌딩 10층
- 세계태권도연맹 채용정보: www.worldtaekwondo.org/notice/general-notice

아시아태권도연맹(World Taekwondo Asia)

- OCA 관계: 가맹
- 본부 소재지: 대한민국 경기도
- 설립연도: 1978년
- 회원국 수: 43개
- 홈페이지: www.wtasia.org
- 이메일: admin@wtasia.org
- 전화번호: 031 708 9994
- 팩스번호: 031 709 9994
- 주소: 경기도 성남시 분당구 탄천로 215, 1E-3

대한태권도협회(Korea Taekwondo Association)

- 대한체육회 관계: 가맹(1963년)
- 설립연도: 1961년
- 홈페이지: www.koreataekwondo.co.kr
- 이메일: admin@koreatkd.kr
- 전화번호: 02 420 4271
- 팩스번호: 02 420 4274
- 주소: 서울 송파구 올림픽로 424 올림픽공원 벨로드롬경기장 101호

25. 테니스(TENNIS)

국제테니스연맹(International Tennis Federation)
- 본부 소재지: 영국 런던
- 공식 언어: 영어, 프랑스어, 스페인어
- 설립연도: 1924년
- 회원국 수: 210개
- 홈페이지: www.itftennis.com
- 이메일: communications@itftennis.com
- 전화번호: 0044 20 8878 6464
- 팩스번호: 0044 20 8878 7799
- 주소: Bank Lane, Roehampton, London, SW15 5XZ, United Kingdom
- 국제테니스연맹 채용정보: www.itftennis.com/en/about-us/organisation/jobs/join-us

아시아테니스연맹(Asian Tennis Federation)
- OCA 관계: 가맹
- 본부 소재지: 인도 뉴델리
- 설립연도: 1958년
- 회원국 수: 45개
- 홈페이지: www.asiantennis.com
- 이메일: info@asiantennis.com
- 전화번호: 0091 11 2617 6256
- 팩스번호: 0091 11 2617 6258
- 주소: R. K. Khanna Tennis Stadium, R. K. Puram, Africa Avenue, New Delhi 110029, India

대한테니스협회(Korea Tennis Association)
- 대한체육회 관계: 가맹(1945년)
- 설립연도: 1945년
- 홈페이지: www.kortennis.co.kr
- 이메일: kortennis@hanmail.net
- 전화번호: 02 420 4285
- 팩스번호: 02 420 4284
- 주소: 서울 송파구 올림픽로 424 올림픽테니스장 센터코트

26. 펜싱(FENCING)

국제펜싱연맹(Fédération Internationale d'Escrime)
- 본부 소재지: 스위스 로잔
- 공식 언어: 프랑스어
- 설립연도: 1913년
- 회원국 수: 153개
- 홈페이지: www.fie.org
- 이메일: info@fie.ch
- 전화번호: 0041 21 320 3115
- 팩스번호: 0041 21 320 3116
- 주소: Maison du Sport International, Avenue de Rhodanie 54, CH-1007 Lausanne, Switzerland
- 국제펜싱연맹 채용정보: www.fie.org/articles

아시아펜싱연맹(Fencing Confederation of Asia)
- OCA 관계: 가맹
- 본부 소재지: 필리핀 파시그
- 설립연도: 1972년
- 회원국 수: 39개
- 홈페이지: www.asianfencing.com
- 이메일: asianfencing@gmail.com
- 전화번호: 00632 671 5010
- 팩스번호: 00632 637 2364
- 주소: PSC Fencing Centre, Philsports Complex, Meralco Avenue Pasig City, 104, Philippines

대한펜싱협회(Korean Fencing Federation)
- 대한체육회 관계: 가맹(1961년)
- 설립연도: 1947년
- 홈페이지: http://fencing.sports.or.kr
- 이메일: kffseoul@hotmail.com
- 전화번호: 02 420 4289
- 팩스번호: 02 425 5284
- 주소: 서울 송파구 올림픽로 424 올림픽공원 SK올림픽핸드볼경기장 114호

27. 하키(HOCKEY)

국제하키연맹(Fédération Internationale de Hockey)
- 본부 소재지: 스위스 로잔
- 공식 언어: 영어, 프랑스어
- 설립연도: 1924년
- 회원국 수: 137개
- 홈페이지: www.fih.ch
- 이메일: info@fih.ch
- 전화번호: 0041 21 641 0606
- 팩스번호: 0041 21 641 0607
- 주소: Rue du Valentin 61, CH-1004 Lausanne, Switzerland
- 국제하키연맹 채용정보: www.fih.ch/inside-fih/work-in-hockey

아시아하키연맹(Asian Hockey Federation)
- OCA 관계: 가맹
- 본부 소재지: 말레이시아 쿠알라룸푸르
- 설립연도: 1958년
- 회원국 수: 31개
- 홈페이지: www.asiahockey.org
- 이메일: info@asiahockey.org
- 전화번호: 00853 66 85 0015
- 팩스번호: 00853 28 71 9367
- 주소: Shahzan House No. 19, Jalan Wickham off, Jalan Ampang Hilir, 55500 Kuala Lumpur, Malaysia

대한하키협회(Korea Hockey Association)
- 대한체육회 관계: 가맹(1947년)
- 설립연도: 1947년
- 홈페이지: www.koreahockey.co.kr
- 이메일: korea-hockey@naver.com
- 전화번호: 02 420 4267
- 팩스번호: 02 420 4138
- 주소: 서울 송파구 올림픽로 424 테니스경기장 301호

28. 핸드볼(HANDBALL)

국제핸드볼연맹(International Handball Federation)

- 본부 소재지: 스위스 바젤
- 공식 언어: 영어, 프랑스어, 독일어
- 설립연도: 1946년
- 회원국 수: 209개
- 홈페이지: www.ihf.info
- 이메일: ihf.office@ihf.info
- 전화번호: 0041 61 228 9040
- 팩스번호: 0041 61 228 9055
- 주소: Peter Merian-Strasse 23, P.O. Box CH-4002, Basel, Switzerland
- 국제핸드볼연맹 채용정보: www.ihf.info/about/job-posting

아시아핸드볼연맹(Asian Handball Federation)

- OCA 관계: 가맹
- 본부 소재지: 쿠웨이트
- 설립연도: 1974년
- 회원국 수: 44개
- 홈페이지: www.asianhandball.org
- 이메일: office@asianhandball.com
- 전화번호: 00965 2521 9961
- 팩스번호: 00965 2521 9962
- 주소: South Surrah, Al-Salaam Area, Block 7, Street No. 705, Villa. 508, Kuwait

대한핸드볼협회(Korea Handball Federation)

- 대한체육회 관계: 가맹(1945년)
- 설립연도: 1945년
- 홈페이지: www.handballkorea.com
- 이메일: handball_pr@sports.or.kr
- 전화번호: 02 6200 1414
- 팩스번호: 02 420 5337
- 주소: 서울 송파구 방이동 88-2 SK핸드볼경기장 3층

2장 동계올림픽국제연맹연합회(AIOWF)

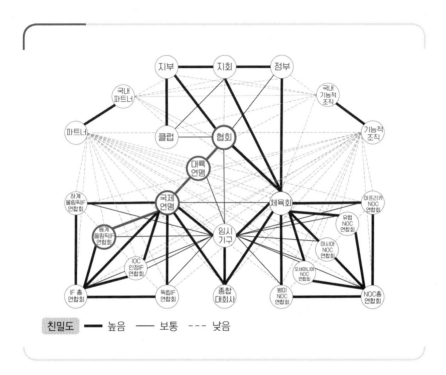

친밀도 ━━ 높음 ── 보통 --- 낮음

AIOWF
Association of International Olympic Winter Sports Federations

동계올림픽국제연맹연합회(AIOWF, Association of International Olympic Winter Sports Federations)

· 본부 소재지: 스위스 베른
· 공식 언어: 영어, 독일어
· 설립연도: 1976년
· 가맹 국제연맹 수: 7개
· 홈페이지: -
· 이메일: lewis@fisski.com
· 전화번호: 0041 33 244 6161
· 팩스번호: 0041 33 244 6171
· 주소: Blochstrasse 2, 3653 Oberhofen am Thunersee, Bern, Switzerland

29. 루지(LUGE)

국제루지연맹(Fédération Internationale de Luge de Course)
- 본부 소재지: 독일 베르히테스가덴
- 공식 언어: 영어, 독일어
- 설립연도: 1957년
- 회원국 수: 52개
- 홈페이지: www.fil-luge.org
- 이메일: office@fil-luge.org
- 전화번호: 0049 8652 975 770
- 팩스번호: 0049 8652 975 7755
- 주소: Nonntal 10, 83471 Berchtesgaden, Germany
- 국제루지연맹 채용정보:
  www.fil-luge.org/en/about-fil/jobs

-　　　- (-)
- OCA 관계: -
- 본부 소재지: -
- 설립연도: -
- 회원국 수: -
- 홈페이지: -
- 이메일: -
- 전화번호: -
- 팩스번호: -
- 주소: -

대한루지경기연맹(Korea Luge Federation)
- 대한체육회 관계: 가맹(1993년)
- 설립연도: 1989년
- 홈페이지: http://luge.sports.or.kr
- 이메일: luge@sports.or.kr
- 전화번호: 02 413 9917
- 팩스번호: 02 413 9918
- 주소: 서울 송파구 올림픽로 424 올림픽벨로드롬경기장
  동계종목 경기단체 사무국 102호

30. 바이애슬론(BIATHLON)

국제바이애슬론연맹(International Biathlon Union)
- 본부 소재지: 오스트리아 잘츠부르크
- 공식 언어: 영어
- 설립연도: 1993년
- 회원국 수: 59개
- 홈페이지: www.biathlonworld.com
- 이메일: biathlon@ibu.at
- 전화번호: 0043 662 855 050
- 팩스번호: 0043 662 855 0508
- 주소: Sonystrasse 20, 5081 Anif b. Salzburg, Austria
- 국제바이애슬론연맹 채용정보:
  www.biathlonworld.com/news

－　　　－ (－)
- OCA 관계: －
- 본부 소재지: －
- 설립연도: －
- 회원국 수: －
- 홈페이지: －
- 이메일: －
- 전화번호: －
- 팩스번호: －
- 주소: －

대한바이애슬론연맹(Korea Biathlon Union)
- 대한체육회 관계: 가맹(2000년)
- 설립연도: 1982년
- 홈페이지: www.korbia.or.kr
- 이메일: korbia@hotmail.com
- 전화번호: 02 423 1129
- 팩스번호: 02 423 4495
- 주소: 서울 송파구 올림픽로 424 올림픽공원 벨로드롬
  동계종목 경기단체 사무국 104호

31. 봅슬레이스켈레톤(BOBSLEIGH & SKELETON)

국제봅슬레이스켈레톤경기연맹(International Bobsleigh and Skeleton Federation)
- 본부 소재지: 스위스 로잔
- 공식 언어: 영어, 독일어
- 설립연도: 1923년
- 회원국 수: 74개
- 홈페이지: www.ibsf.org
- 이메일: office@ibsf.org
- 전화번호: 0041 21 601 5101
- 팩스번호: 0041 21 601 2677
- 주소: Maison du Sport International, Avenue de Rhodanie 54, CH-1007 Lausanne, Switzerland
- 국제봅슬레이스켈레톤연맹 채용정보: www.ibsf.org/en/news

- - (-)
- OCA 관계: -
- 본부 소재지: -
- 설립연도: -
- 회원국 수: -
- 홈페이지: -
- 이메일: -
- 전화번호: -
- 팩스번호: -
- 주소: -

대한봅슬레이스켈레톤경기연맹(Korea Bobsleigh & Skeleton Federation)
- 대한체육회 관계: 가맹(1993년)
- 설립연도: 1985년
- 홈페이지: www.kbsf.or.kr
- 이메일: bob@sports.or.kr
- 전화번호: 02 420 1120
- 팩스번호: 02 420 1246
- 주소: 서울 송파구 올림픽로 424 벨로드롬 107호

32. 빙상(SKATING)

국제빙상경기연맹(International Skating Union)
- 본부 소재지: 스위스 로잔
- 공식 언어: 영어
- 설립연도: 1892년
- 회원국 수: 77개
- 홈페이지: www.isu.org
- 이메일: info@isu.ch
- 전화번호: 0041 21 612 6666
- 팩스번호: 0041 21 612 6677
- 주소: Avenue Juste-Olivier 17, 1006 Lausanne, Switzerland
- 국제빙상경기연맹 채용정보: www.isu.org/inside-isu/about/careers

－ －(－)
- OCA 관계: －
- 본부 소재지: －
- 설립연도: －
- 회원국 수: －
- 홈페이지: －
- 이메일: －
- 전화번호: －
- 팩스번호: －
- 주소: －

대한빙상경기연맹

대한빙상경기연맹(Korea Skating Union)
- 대한체육회 관계: 가맹(1945년)
- 설립연도: 1945년
- 홈페이지: www.skating.or.kr
- 이메일: koreaskating@gmail.com
- 전화번호: 02 2203 2018
- 팩스번호: 02 423 8097
- 주소: 서울 송파구 올림픽로 424 벨로드롬 1층 동계종목 경기단체 사무국 106호

33. 스키(SKI)

국제스키연맹(Fédération Internationale de Ski)

- 본부 소재지: 스위스 베른
- 공식 언어: 영어, 프랑스어, 독일어, 러시아어
- 설립연도: 1924년
- 회원국 수: 133개
- 홈페이지: www.fis-ski.com
- 이메일: mail@fisski.com
- 전화번호: 0041 33 244 6161
- 팩스번호: 0041 33 244 6171
- 주소: Marc Hodler House, Blochstrasse 2, 3653 Oberhofen am Thunersee, Switzerland
- 국제스키연맹 채용정보: www.fis-ski.com/en/inside-fis/organisation/jobs

아시아스키연맹(Asian Ski Federation)

- OCA 관계: 가맹
- 본부 소재지: 일본 도쿄
- 설립연도: 1990년
- 회원국 수: 17개
- 홈페이지: www.asf-ski.org
- 이메일: int@ski-japan.or.jp
- 전화번호: 0081 3 5843 1525
- 팩스번호: 0081 3 5843 1524
- 주소: Japan Sports Olympic Square 4-2, Kasumigaokamachi, Shinjuku-ku, Tokyo 160-0013 Japan

대한스키협회(Korea Ski Association)

- 대한체육회 관계: 가맹(1953년)
- 설립연도: 1932년
- 홈페이지: http://ski.sports.or.kr
- 이메일: ski@sports.or.kr
- 전화번호: 02 420 4219
- 팩스번호: 02 420 4235
- 주소: 서울 송파구 올림픽로 424 벨로드롬 101호

34. 아이스하키(ICE HOCKEY)

국제아이스하키연맹(International Ice Hockey Federation)
- 본부 소재지: 스위스 취리히
- 공식 언어: 영어
- 설립연도: 1908년
- 회원국 수: 81개
- 홈페이지: www.iihf.com
- 이메일: office@iihf.com
- 전화번호: 0041 44 562 2200
- 팩스번호: 0041 44 562 2229
- 주소: Brandschenkestrasse 50, Postfach 1817, 8027 Zurich, Switzerland
- 국제아이스하키연맹 채용정보: www.iihf.com/en/static/5082/jobs

– – (–)
- OCA 관계: –
- 본부 소재지: –
- 설립연도: –
- 회원국 수: –
- 홈페이지: –
- 이메일: –
- 전화번호: –
- 팩스번호: –
- 주소: –

대한아이스하키협회(Korea Ice Hockey Association)
- 대한체육회 관계: 가맹(1947년)
- 설립연도: 1930년
- 홈페이지: www.kiha.or.kr
- 이메일: icehockey@sports.or.kr
- 전화번호: 02 425 7001
- 팩스번호: 02 420 4160
- 주소: 서울 송파구 올림픽로 424 벨로드롬 103호

35. 컬링(CURLING)

세계컬링연맹(World Curling Federation)
* 본부 소재지: 영국 퍼스
* 공식 언어: 영어
* 설립연도: 1966년
* 회원국 수: 64개
* 홈페이지: www.worldcurling.org
* 이메일: info@worldcurling.org
* 전화번호: 0044 1738 45 1630
* 팩스번호: 0044 1738 45 1641
* 주소: 3 Atholl Crescent, Perth, PH1 5NG, Great Britain
* 세계컬링연맹 채용정보:
  https://worldcurling.org/about/jobs

-   - (-)
* OCA 관계: -
* 본부 소재지: -
* 설립연도: -
* 회원국 수: -
* 홈페이지: -
* 이메일: -
* 전화번호: -
* 팩스번호: -
* 주소: -

대한컬링경기연맹(Korea Curling Federation)
* 대한체육회 관계: 가맹(1996년)
* 설립연도: 1994년
* 홈페이지: www.koreacurling.or.kr
* 이메일: curling@sports.co.kr
* 전화번호: 02 419 6281
* 팩스번호: 02 419 6282
* 주소: 서울 송파구 올림픽로 424 벨로드롬 105호

3장 IOC인정국제연맹연합회(ARISF)

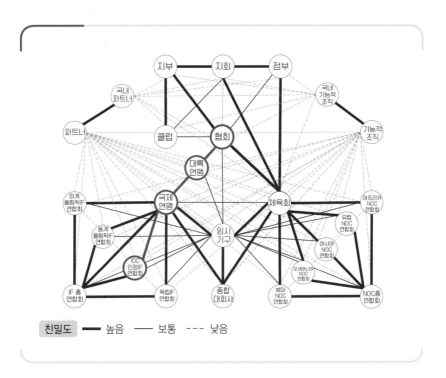

친밀도 ━ 높음 ── 보통 --- 낮음

IOC인정국제연맹연합회(ARISF, Association of IOC Recognised International Sports Federations)

- 본부 소재지: 스위스 로잔
- 공식 언어: 영어
- 설립연도: 1984년
- 가맹 국제연맹 수: 41개
- 홈페이지: www.arisf.sport
- 이메일: arisf@arisf.sport
- 전화번호: 0041 21 318 8240
- 팩스번호: 0041 21 318 8241
- 주소: Maison du Sport International, Avenue de Rhodanie 54, CH-1007 Lausanne, Switzerland

36. 넷볼(NETBALL)

국제넷볼연맹(International Netball Federation)
- 본부 소재지: 영국 맨체스터
- 공식 언어: 영어
- 설립연도: 1960년
- 회원국 수: 77개
- 홈페이지: www.netball.sport
- 이메일: inf@netball.org
- 전화번호: 0044 161 234 6515
- 팩스번호: 0044 161 234 6516
- 주소: Albion Wharf, 19 Albion Street, Manchester, M1 5LN, Great Britain
- 국제넷볼연맹 채용정보: www.netball.sport/news/career-opportunities

-

- (-)
- OCA 관계: -
- 본부 소재지: -
- 설립연도: -
- 회원국 수: -
- 홈페이지: -
- 이메일: -
- 전화번호: -
- 팩스번호: -
- 주소: -

대한넷볼협회(Korea Netball Federation)
- 대한체육회 관계: 미가맹
- 설립연도: 2014년
- 홈페이지: www.knbf.or.kr
- 이메일: oak82@naver.com
- 전화번호: 031 769 2285
- 팩스번호: -
- 주소: 서울 동작구 흑석로 84 중앙대학교 305동 301호

37. 당구(BILLIARDS)

세계당구연맹(World Confederation of Billiards Sports)
- 본부 소재지: 스위스 로잔
- 공식 언어: 영어
- 설립연도: 1992년
- 회원국 수: 135개
- 홈페이지: www.wcbs.sport
- 이메일: diane.wild@wcbs-billiards.org
- 전화번호: 0079 449 4678
- 팩스번호: -
- 주소: C/O Diane Wild, Avenue Verdeil 1, 1005 Lausanne, Switzerland
- 세계당구연맹 채용정보: www.wcbs.sport/news

아시아캐럼당구연맹 (Asian Carom Billiard Confederation)
- OCA 관계: 가맹
- 본부 소재지: 대한민국 서울
- 홈페이지: -
- 이메일: cuesports@korea.com
- 전화번호: 02 2203 4674

아시아포켓당구연맹 (Asian Pocket Billiard Union)
- OCA 관계: 가맹
- 본부 소재지: 대만 타이베이
- 홈페이지: www.apbucuesports.org
- 이메일: apbu@ms68.hinet.net
- 전화번호: 00886 2 2728 1993

아시아당구연맹 (Asian Confederation of Billiard Sports)
- OCA 관계: 가맹
- 본부 소재지: 카타르 도하
- 홈페이지: www.acbs.qa
- 이메일: admin@acbs.qa
- 전화번호: 00974 4435 6099

대한당구연맹(Korea Billiards Federation)
- 대한체육회 관계: 가맹(1998년)
- 설립연도: 1981년
- 홈페이지: www.kbfsports.or.kr
- 이메일: kbfsports@naver.com
- 전화번호: 02 2203 4674
- 팩스번호: 02 2203 4652
- 주소: 서울 송파구 올림픽로 424 SK핸드볼경기장 115호

38. 댄스스포츠(DANCESPORT)

세계댄스스포츠연맹(World Dancesport Federation)

- 본부 소재지: 스위스 로잔
- 공식 언어: 영어
- 설립연도: 1957년
- 회원국 수: 91개
- 홈페이지: www.worlddancesport.sport
- 이메일: office@wdsf.org
- 전화번호: 0041 21 601 1711
- 팩스번호: 0041 21 601 1712
- 주소: Maison du Sport International, Avenue de Rhodanie 54, CH-1007 Lausanne, Switzerland
- 세계댄스스포츠연맹 채용정보: www.worlddancesport.org/news

아시아댄스스포츠연맹(Dancesport Asia Limited)

- OCA 관계: 가맹
- 본부 소재지: 싱가포르
- 설립연도: 2019년
- 회원국 수: 20개
- 홈페이지: www.dancesportasia.org
- 이메일: dancesportasia@snfam.com
- 전화번호: -
- 팩스번호: -
- 주소: Block 231 Bain Street, #04-03 Bras Basah Complex, Singapore 180231, Republic of Singapore

대한민국댄스스포츠연맹(Korean Federation of DanceSport)

- 대한체육회 관계: 가맹(2007년)
- 설립연도: 2016년(통합)
- 홈페이지: www.kfd.or.kr
- 이메일: kfd2090@hanmail.net
- 전화번호: 02 415 2090
- 팩스번호: 02 415 2050
- 주소: 서울 송파구 올림픽로 424 SK핸드볼경기장 119호

39. 라켓볼(RACQUETBALL)

국제라켓볼연맹(International Racquetball Federation)
- 본부 소재지: 미국 콜로라도스프링스
- 공식 언어: 영어
- 설립연도: 1979년
- 회원국 수: 100개
- 홈페이지: www.internationalracquetball.com
- 이메일: lstonge@internationalracquetball.com
- 전화번호: 001 719 433 2017
- 팩스번호: 001 719 634 5198
- 주소: 1631 Mesa Ave, Suite A-1, Colorado Springs CO 80906, United States of America
- 국제라켓볼연맹 채용정보: www.internationalracquetball.com/news

아시아라켓볼연맹(Asia Racquetball Federation)
- OCA 관계: 미가맹
- 본부 소재지: -
- 설립연도: 2014년
- 회원국 수: 25개
- 홈페이지: www.asiaracquetball.org
- 이메일: arf@asiaracquetball.org
- 전화번호: -
- 팩스번호: -
- 주소: -

대한라켓볼협회(Korea Racquetball Federation)
- 대한체육회 관계: 가맹(2009년)
- 설립연도: 1991년
- 홈페이지: www.korearacquetball.com
- 이메일: neshschoi@gmail.com
- 전화번호: 070 7405 7880
- 팩스번호: 061 395 1195
- 주소: 경기도 화성시 양감면 제약단지로 176-14

40. 라크로스(LACROSSE)

세계라크로스연맹(World Lacrosse)
- 본부 소재지: 미국 뉴욕
- 공식 언어: 영어
- 설립연도: 1958년
- 회원국 수: 66개
- 홈페이지: www.worldlacrosse.sport
- 이메일: info@filacrosse.com
- 전화번호: 001 416 426 7070
- 팩스번호: -
- 주소: 1501 Broadway, 21st Floor, New York Ny 10036, United States of America
- 세계라크로스연맹 채용정보: www.worldlacrosse.sport/vacancies

아시아태평양연맹(Asia Pacific Lacrosse Union)
- OCA 관계: 미가맹
- 본부 소재지: 호주 웨스턴오스트레일리아
- 설립연도: 2004년
- 회원국 수: 11개
- 홈페이지: www.asiapacificlacrosse.org
- 이메일: -
- 전화번호: -
- 팩스번호: -
- 주소: 51B Southern Cross Circle, Ocean Reef 6027, Western Australia, Australia

한국라크로스협회(Korea Lacrosse Association)
- 대한체육회 관계: 미가맹
- 설립연도: 1997년
- 홈페이지: www.lacrosse.or.kr
- 이메일: korea@lacrosse.or.kr
- 전화번호: 02 743 5291
- 팩스번호: -
- 주소: 서울 종로구 윤보선길 71, 2층

41. 롤러스포츠(ROLLER SPORTS)

세계롤러스포츠연맹(World Skate)

- 본부 소재지: 스위스 로잔
- 공식 언어: 영어
- 설립연도: 1924년
- 회원국 수: 118개
- 홈페이지: www.worldskate.org
- 이메일: info@worldskate.org
- 전화번호: 0039 06 91 68 4023
- 팩스번호: 0039 06 91 68 4028
- 주소: Maison du Sport International, Avenue de Rhodanie 54, CH-1007 Lausanne, Switzerland
- 세계롤러스포츠연맹 채용정보: www.worldskate.org/news

아시아롤러스포츠연맹(World Skate Asia)

- OCA 관계: 가맹
- 본부 소재지: 중국 베이징
- 설립연도: 1978년
- 회원국 수: 22개
- 홈페이지: www.rollerasia.org/yzeng/index.html
- 이메일: crsa_cn@163.com
- 전화번호: 0086 10 8718 2499
- 팩스번호: 0086 10 6711 1156
- 주소: 2, Tiyuguan Road, Chongwen District, Beijing 100763, China

대한롤러스포츠연맹(Korea Roller Sports Federation)

- 대한체육회 관계: 가맹(1979년)
- 설립연도: 1972년
- 홈페이지: www.krsf.or.kr
- 이메일: rollersports@sports.or.kr
- 전화번호: 02 420 4277
- 팩스번호: 02 420 6711
- 주소: 서울 송파구 올림픽로 424 올림픽테니스장 305호

42. 모터사이클(MOTORCYCLING)

국제모터사이클연맹(Fédération Internationale de Motocyclisme)

- 본부 소재지: 스위스 미스
- 공식 언어: 영어, 프랑스어
- 설립연도: 1904년
- 회원국 수: 112개
- 홈페이지: www.fim-live.com
- 이메일: info@fim.ch
- 전화번호: 0041 22 950 9500
- 팩스번호: 0041 22 950 9501
- 주소: Route Suisse 11, 1295 Mies, Switzerland
- 국제모터사이클연맹 채용정보: www.fim-live.com/en/career

아시아모터사이클연맹(FIM Asia)

- OCA 관계: 가맹
- 본부 소재지: 마카오
- 설립연도: 1997년
- 회원국 수: 28개
- 홈페이지: www.fimasia-live.com
- 이메일: fim_asia@outlook.com
- 전화번호: 0063 91 7899 2363
- 팩스번호: -
- 주소: P.O. Box 1579, Avenida Da Amizade, Edificio Do Grande Premio de Macau R/C, Macau

대한모터사이클연맹(Korea Motorcycle Federation)

- 대한체육회 관계: 가맹(2001년)
- 설립연도: 1970년
- 홈페이지: www.kmf.or.kr
- 이메일: info@kmf.or.kr
- 전화번호: 02 591 0088
- 팩스번호: 02 533 7953
- 주소: 서울 중구 장충동 동호로 315, 신안빌딩 7층

43. 무에타이(MUAYTHAI)

국제무에타이연맹(International Federation of Muaythai Associations)
- 본부 소재지: 태국 방콕
- 공식 언어: 영어
- 설립연도: 1993년
- 회원국 수: 122개
- 홈페이지: www.muaythai.sport
- 이메일: info@muaythai.sport
- 전화번호: 0066 2630 3361
- 팩스번호: 0066 2630 3363
- 주소: 1029 Navamin 14, Navamin Road, Klongjan, Bangkapi, Bangkok 10240, Thailand
- 국제무에타이연맹 채용정보: www.muaythai.sport/news

아시아무에타이연맹(Federation of Asian Muaythai Associations)
- OCA 관계: 가맹
- 본부 소재지: 싱가포르
- 설립연도: 1988년
- 회원국 수: 39개
- 홈페이지: www.famamuaythai.org
- 이메일: admin@famamuaythai.org
- 전화번호: 0065 6435 0119
- 팩스번호: 0065 6435 0709
- 주소: 70 Anson Road, #19-01, Hub Synergy Point, Singapore 079905

대한무에타이협회(Korea Muaythai Association)
- 대한체육회 관계: 가맹(2009년)
- 설립연도: 1994년
- 홈페이지: www.muaythaikorea.org
- 이메일: mthai@hanmail.net
- 전화번호: 02 766 6628
- 팩스번호: 02 6442 6143
- 주소: 서울 종로구 혜화동 126-3 6층

44. 미식축구(AMERICAN FOOTBALL)

국제미식축구연맹(International Federation of American Football)
- 본부 소재지: 프랑스 파리
- 공식 언어: 영어
- 설립연도: 1998년
- 회원국 수: 42개
- 홈페이지: www.ifaf.info
- 이메일: info@ifaf.info
- 전화번호: 0033 1 4311 1470
- 팩스번호: 0033 1 4411 1471
- 주소: Moyersoen Avocats 197, Bouvelard Saint-Germain 75007, Paris, France
- 국제미식축구연맹 채용정보: www.ifaf.org/news

- - (-)
- OCA 관계: ˋ-
- 본부 소재지: -
- 설립연도: -
- 회원국 수: -
- 홈페이지: -
- 이메일: -
- 전화번호: -
- 팩스번호: -
- 주소: -

대한미식축구협회(Korea American Football Association)
- 대한체육회 관계: 미가맹
- 설립연도: 1945년
- 홈페이지: www.kafa.org
- 이메일: wide5836@naver.com
- 전화번호: -
- 팩스번호: -
- 주소: 서울 중구 수표로 10길 5-3, 301호

45. 반디(BANDY)

국제반디연맹(Federation of International Bandy)
- 본부 소재지: 스웨덴 쇠데르함
- 공식 언어: 영어
- 설립연도: 1955년
- 회원국 수: 27개
- 홈페이지: www.worldbandy.com
- 이메일: bo.nyman@worldbandy.com
- 전화번호: 0046 7032 32698
- 팩스번호: 0046 2701 8014
- 주소: Box 91, SE 826 23 Söderhamn, Sweden
- 국제반디연맹 채용정보: www.worldbandy.com/news

 -    - (-)
- OCA 관계: -
- 본부 소재지: -
- 설립연도: -
- 회원국 수: -
- 홈페이지: -
- 이메일: -
- 전화번호: -
- 팩스번호: -
- 주소: -

 -    - (-)
- 대한체육회 관계: -
- 설립연도: -
- 홈페이지: -
- 이메일: -
- 전화번호: -
- 팩스번호: -
- 주소: -

46. 볼링(BOWLING)

국제볼링연맹(International Bowling Federation)

- 본부 소재지: 스위스 로잔
- 공식 언어: 영어
- 설립연도: 1952년
- 회원국 수: 114개
- 홈페이지: www.bowling.sport
- 이메일: president@worldbowling.org
- 전화번호: 001 414 803 9188(미국 사무소)
- 팩스번호: -
- 주소: c/o. Ametis Conseils SA, Place Saint-François 7, 1003 Lausanne, Switzerland
- 국제테크볼연맹 채용정보: www.bowling.sport/news

아시아볼링연맹(Asian Bowling Federation)

- OCA 관계: 가맹
- 본부 소재지: 홍콩
- 설립연도: 1979년
- 회원국 수: 33개
- 홈페이지: www.abf-online.org
- 이메일: hktbc@netvigator.com
- 전화번호: 00852 2893 6039
- 팩스번호: 00852 2893 6290
- 주소: Room 2004, Olympic House, 1 Stadium Path, So Kon Po, Causeway Bay, Hong Kong

대한볼링협회(Korea Bowling Association)

- 대한체육회 관계: 가맹(1980년)
- 설립연도: 1969년
- 홈페이지: www.bowling.or.kr
- 이메일: bowling@sports.or.kr
- 전화번호: 0082 02 420 4280
- 팩스번호: 0082 02 420 4281
- 주소: 서울 송파구 올림픽로 424 올림픽컨벤션센터 1층

47. 불스포츠(BOULES SPORTS)

 국제불스포츠연맹(Confédération Mondiale des Sports de Boules)

- 본부 소재지: 프랑스 파리
- 공식 언어: 프랑스어
- 설립연도: 1985년
- 회원국 수: 161개
- 홈페이지: www.cmsboules.org
- 이메일: c.azema@cmsboules.org
- 전화번호: 0033 49114 0580
- 팩스번호: –
- 주소: P. A. M. Claude Azema – Regine, 22 Place de la Nation, 75012 Paris, France
- 국제불스포츠연맹 채용정보: www.cmsboules.org/news

 아시아불스포츠연맹(Asian Boules Sport Confederation, FIPJP 산하)

- OCA 관계: 가맹
- 본부 소재지: –
- 설립연도: 2017년
- 회원국 수: 27개
- 홈페이지: www.asianboulessport.org
- 이메일: absc@fipjp.com
- 전화번호: –
- 팩스번호: –
- 주소: –

 한국불스포츠협회(Korea Boules Sport Federation)

- 대한체육회 관계: 미가맹
- 설립연도: 2013년
- 홈페이지: www.koreaboulessport.org
- 이메일: info@koreaboulessport.org
- 전화번호: –
- 팩스번호: –
- 주소: 서울 중구 순화동 통일로 4길 30

48. 브리지(BRIDGE)

세계브리지연맹(World Bridge Federation)

- 본부 소재지: 스위스 로잔
- 공식 언어: 영어
- 설립연도: 1958년
- 회원국 수: 112개
- 홈페이지: www.worldbridge.org
- 이메일: secretariat@worldbridgefed.com
- 전화번호: 0041 21 544 7218
- 팩스번호: 0041 21 601 2315
- 주소: Maison du Sport International, Avenue de Rhodanie 54, CH-1007 Lausanne, Switzerland
- 세계브리지연맹 채용정보: http://youth.worldbridge.org/#

아시아브리지연맹(Asia Pacific Bridge Federation)

- OCA 관계: 가맹
- 본부 소재지: 태국 방콕
- 설립연도: 1957년
- 회원국 수: 12개
- 홈페이지: www.apbf.net
- 이메일: chodchoy7@gmail.com
- 전화번호: 0066 2 369 3434
- 팩스번호: 0066 2 369 1528
- 주소: 286 Sports Authority of Thailand, Room 265 Rajamangala National Stadium, Ramkhamhaeng Road, Huamark, Bangkapi, Bangkok 10240, Thailand

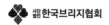

한국브리지협회(Korea Contract Bridge League)

- 대한체육회 관계: 미가맹
- 설립연도: 1993년
- 홈페이지: www.kcbl.org
- 이메일: webmaster@kcbl.org
- 전화번호: 02 3445 3847
- 팩스번호: 02 3445 3848
- 주소: 서울 강남구 도산대로 207, 성도빌딩 7층

49. 산악(CLIMBING AND MOUNTAINEERING)

국제산악연맹(Union Internationale des Associations d'Alpinisme)
- 본부 소재지: 스위스 베른
- 공식 언어: 영어
- 설립연도: 1932년
- 회원국 수: 66개
- 홈페이지: www.theuiaa.org
- 이메일: office@theuiaa.org
- 전화번호: 0041 31 370 1828
- 팩스번호: 0041 31 370 1838
- 주소: Monbijoustrasse 61, Postfach CH-3000, Bern 14, Switzerland
- 국제산악연맹 채용정보: www.theuiaa.org/category/members-area

아시아산악연맹(Union of Asian Alpine Associations)
- OCA 관계: 미가맹
- 본부 소재지: 대한민국 서울
- 설립연도: 1932년
- 회원국 수: 13개
- 홈페이지: www.theuaaa.org
- 이메일: info@uaaa.org
- 전화번호: 02 558 3331
- 팩스번호: 02 501 8848
- 주소: 서울 강남구 청담동 86, 킹콩빌딩 6층

대한산악연맹(Korea Alpine Federation)
- 대한체육회 관계: 가맹(1986년)
- 설립연도: 1962년
- 홈페이지: new.kaf.or.kr
- 이메일: kockaf@kaf.or.kr
- 전화번호: 02 414 2750
- 팩스번호: 02 419 1950
- 주소: 서울 송파구 올림픽로 424 제2체육관 106호

한국산악회(Corean Alpine Club)
- 대한체육회 관계: 미가맹
- 설립연도: 1962년
- 홈페이지: www.cac.or.kr
- 이메일: cac@cac.or.kr
- 전화번호: 031 855 8848
- 팩스번호: 031 855 1945
- 주소: 경기도 의정부시 망월로 13번길 9

50. 삼보(SAMBO)

국제삼보연맹(Fédération Internationale de Sambo)
- 본부 소재지: 스위스 로잔
- 공식 언어: 러시아어, 영어, 프랑스어, 스페인어
- 설립연도: 1984년
- 회원국 수: 112개
- 홈페이지: www.sambo.sport
- 이메일: swissoffice@sambo-fias.com
- 전화번호: 0041 21 601 7015
- 팩스번호: 0041 21 601 7016
- 주소: Avenue de Rhodanie 54 A, 1007 Lausanne, Switzerland
- 국제삼보연맹 채용정보: www.sambo.sport/en/fias/jobs

아시아삼보연맹(Sambo Union of Asia)
- OCA 관계: 가맹
- 본부 소재지: 우즈베키스탄 타슈켄트
- 설립연도: 1991년
- 회원국 수: 31개
- 홈페이지: www.sambounion.asia
- 이메일: info@sambo.asia
- 전화번호: 00998 93 586 4265
- 팩스번호: -
- 주소: Usmana Yusupova Street, 1A, 100128, Tashkent, Uzbekistan

대한삼보연맹(Korea Sambo Federation)
- 대한체육회 관계: 가맹(2009년)
- 설립연도: 2004년
- 홈페이지: www.koreasambo.com
- 이메일: k-sambo@naver.com
- 전화번호: 02 598 5226
- 팩스번호: 02 598 5202
- 주소: 서울 서초구 양재천로 19길 28, 5층

51. 서핑(SURFING)

 국제서핑연맹(International Surfing Association)
- 본부 소재지: 미국 캘리포니아
- 공식 언어: 영어
- 설립연도: 1964년
- 회원국 수: 102개
- 홈페이지: www.isasurf.org
- 이메일: info@isasurf.org
- 전화번호: 001 858 551 8580
- 팩스번호: 001 858 551 8563
- 주소: 5580 La Jolla Blvd. #145, La Jolla, California 92037, United States of America
- 국제서핑연맹 채용정보: www.isasurf.org/contact/isa-internship

 아시아서핑연맹(Asian Surfing Federation)
- OCA 관계: 가맹
- 본부 소재지: 일본 도쿄
- 설립연도: 2018년
- 회원국 수: 13개
- 홈페이지: www.asiansurfing.org
- 이메일: info@asiansurfing.org
- 전화번호: 0081 3 64 34 7341
- 팩스번호: -
- 주소: Japan Sport Olympic Square 10F, 4-2 Kasumigaokamachi Shinjuku-Ku, Tokyo, Japan 160-0013

 대한서핑협회(Korea Surfing Association)
- 대한체육회 관계: 미가맹
- 설립연도: 2008년
- 홈페이지: www.koreasurfing.org
- 이메일: info@koreasurfing.org
- 전화번호: 0082 51 731 1140
- 팩스번호: 0082 51 731 1148
- 주소: 부산 해운대구 해운대해변로 291 크리스탈OA 1514호

52. 수상스키 · 웨이크스포츠(WATERSKI · WAKEBOARD)

 국제수상스키 · 웨이크스포츠연맹(International Waterski & Wakeboard Federation)
- 본부 소재지: 스위스 노이하임
- 공식 언어: 영어
- 설립연도: 1946년
- 회원국 수: 96개
- 홈페이지: www.iwwfed.sport
- 이메일: iwwf@iwwfed.com
- 전화번호: 0041 41 752 0095
- 팩스번호: -
- 주소: P.O. Box 18, Im Blatt D6, CH-6345 Neuheim, Switzerland
- 국제수상스키 · 웨이크스포츠연맹 채용정보: https://iwwf.sport/news/current

 아시아수상스키 · 웨이크스포츠연맹(IWWF Asia)
- OCA 관계: 미가맹
- 본부 소재지: 홍콩
- 설립연도: 1984년
- 회원국 수: 17개
- 홈페이지: www.asia.iwsf.com
- 이메일: asia@iwwf.sport
- 전화번호: -
- 팩스번호: 00852 2881 0443
- 주소: Flat 2, G/F, 1 Wang Fung Terrace, Tai Hang Road, Hong Kong

 대한수상스키 · 웨이크스포츠협회(Korea Waterski and Wakesports Association)
- 대한체육회 관계: 가맹(1985년)
- 설립연도: 1979년
- 홈페이지: www.waterskinet.org
- 이메일: waterski@sports.or.kr
- 전화번호: 02 2203 0488
- 팩스번호: 02 413 0544
- 주소: 서울 송파구 올림픽로 424 SK핸드볼경기장 122호

53. 수중 · 핀수영(UNDERWATER)

국제수중 · 핀수영연맹(Confederation Mondiale des Activites Subaquatiques)
- 본부 소재지: 이탈리아 로마
- 공식 언어: 영어, 프랑스어, 스페인어
- 설립연도: 1958년
- 회원국 수: 94개
- 홈페이지: www.cmas.org
- 이메일: cmas@cmas.org
- 전화번호: 0039 06 3211 0594
- 팩스번호: 0039 06 3211 0595
- 주소: Viale Tiziano 74, 00196 Roma, Italy
- 국제수중 · 핀수영연맹 채용정보: www.cmas.org/news

아시아수중 · 핀수영연맹(Asian Underwater Federation)
- OCA 관계: 가맹
- 본부 소재지: 대한민국 서울
- 설립연도: 1988년
- 회원국 수: 24개
- 홈페이지: www.cmasasia.org
- 이메일: cmasasia@kua.or.kr
- 전화번호: 02 420 4293
- 팩스번호: 02 421 8898
- 주소: 서울 송파구 올림픽로 424 올림픽핸드볼경기장 112호

대한수중 · 핀수영협회(Korea Underwater Association)
- 대한체육회 관계: 가맹(1988년)
- 설립연도: 1968년
- 홈페이지: www.kua.or.kr
- 이메일: kua@kua.or.kr
- 전화번호: 02 420 4293
- 팩스번호: 02 421 8898
- 주소: 서울 송파구 올림픽로 424 핸드볼경기장 112호

54. 스모(SUMO)

국제스모연맹(International Sumo Federation)
- 본부 소재지: 일본 도쿄
- 공식 언어: 일본어, 영어
- 설립연도: 1992년
- 회원국 수: 84개
- 홈페이지: www.ifs-sumo.org
- 이메일: office2@ifs-sumo.org
- 전화번호: 0081 3 33 60 3911
- 팩스번호: 0081 3 33 60 4020
- 주소: 1-15-20 Hyakunincho, Shinjuku-Ku, Tokyo, 169-0073, Japan
- 국제스모연맹 채용정보: www.ifs-sumo.org/index.html#4

- - (-)
- OCA 관계: -
- 본부 소재지: -
- 설립연도: -
- 회원국 수: -
- 홈페이지: -
- 이메일: -
- 전화번호: -
- 팩스번호: -
- 주소: -

- - (-)
- 대한체육회 관계: -
- 설립연도: -
- 홈페이지: -
- 이메일: -
- 전화번호: -
- 팩스번호: -
- 주소: -

55. 스쿼시(SQUASH)

세계스쿼시연맹(World Squash Federation)
- 본부 소재지: 영국 이스트서식스
- 공식 언어: 영어
- 설립연도: 1967년
- 회원국 수: 150개
- 홈페이지: www.worldsquash.org
- 이메일: wsf@worldsquash.org
- 전화번호: 0044 1424 447 440
- 팩스번호: 0044 1424 430 737
- 주소: 25 Russell Street, Hastings, East Sussex, TN34 1QU, Great Britain
- 세계스쿼시연맹 채용정보: www.worldsquash.org/tag/jobs

아시아스쿼시연맹(Asian Squash Federation)
- OCA 관계: 가맹
- 본부 소재지: 홍콩
- 설립연도: 1980년
- 회원국 수: 28개
- 홈페이지: www.asiansquash.org
- 이메일: duncanchiu@asiansquash.org
- 전화번호: 00852 2869 0330
- 팩스번호: 00852 2869 0118
- 주소: 23 Cotton Tree Drive, Hong Kong

대한스쿼시연맹(Korea Squash Federation)
- 대한체육회 관계: 가맹(1998년)
- 설립연도: 1989년
- 홈페이지: www.koreasquash.or.kr
- 이메일: koreasquash@sports.or.kr
- 전화번호: 02 419 6454
- 팩스번호: 02 419 9479
- 주소: 서울 송파구 올림픽로 424 올림픽컨벤션센터 1층

56. 스키산악(SKI MOUNTAINEERING)

국제스키산악연맹(International Ski Mountaineering Federation)
- 본부 소재지: 이탈리아 몬도비
- 공식 언어: 영어
- 설립연도: 2008년
- 회원국 수: 38개
- 홈페이지: www.ismf-ski.org
- 이메일: office@ismf-ski.org
- 전화번호: 0039 0174 554 755
- 팩스번호: 0039 0174 080 155
- 주소: Piazza G. Mellano 4B, 12084 Mondovi, Italy
- 국제스키산악연맹 채용정보:
  www.ismf-ski.org/webpages/category/news

–   – (–)
- OCA 관계: –
- 본부 소재지: –
- 설립연도: –
- 회원국 수: –
- 홈페이지: –
- 이메일: –
- 전화번호: –
- 팩스번호: –
- 주소: –

대한산악연맹(Korea Alpine Federation)
- 대한체육회 관계: 가맹(1986년)
- 설립연도: 1962년
- 홈페이지: new.kaf.or.kr
- 이메일: kockaf@kaf.or.kr
- 전화번호: 02 414 2750
- 팩스번호: 02 419 1950
- 주소: 서울 송파구 올림픽로 424 제2체육관 106호

57. 아이스스톡(ICESTOCK)

국제아이스스톡연맹(International Federation Icestocksport)
- 본부 소재지: 독일 만하임
- 공식 언어: 영어, 독일어
- 설립연도: 1950년
- 회원국 수: 46개
- 홈페이지: www.icestocksport.com
- 이메일: info@icestocksport.com
- 전화번호: 0049 621 441006
- 팩스번호: 0049 621 827665
- 주소: Kathe-Kollwitz-Str. 23, 68169 Mannheim, Germany
- 국제아이스스톡연맹 채용정보: www.icestocksport.com/2016/en

－　　　－ (－)
- OCA 관계: －
- 본부 소재지: －
- 설립연도: －
- 회원국 수: －
- 홈페이지: －
- 이메일: －
- 전화번호: －
- 팩스번호: －
- 주소: －

－　　　－ (－)
- 대한체육회 관계: －
- 설립연도: －
- 홈페이지: －
- 이메일: －
- 전화번호: －
- 팩스번호: －
- 주소: －

58. 암벽등반(SPORT CLIMBING)

국제암벽등반연맹(International Federation of Sport Climbing)
- 본부 소재지: 이탈리아 토리노
- 공식 언어: 영어
- 설립연도: 2007년
- 회원국 수: 93개
- 홈페이지: www.ifsc-climbing.org
- 이메일: administration@ifsc-climbing.org
- 전화번호: 0039 011 385 3995
- 팩스번호: 0039 011 412 1773
- 주소: Via Carlo Matteucci 4, 10143 Torino, Italy
- 국제암벽등반연맹 채용정보:
  www.ifsc-climbing.org/index.php/news

- - (-)
- OCA 관계: -
- 본부 소재지: -
- 설립연도: -
- 회원국 수: -
- 홈페이지: -
- 이메일: -
- 전화번호: -
- 팩스번호: -
- 주소: -

대한산악연맹(Korea Alpine Federation)
- 대한체육회 관계: 가맹(1986년)
- 설립연도: 1962년
- 홈페이지: new.kaf.or.kr
- 이메일: kockaf@kaf.or.kr
- 전화번호: 02 414 2750
- 팩스번호: 02 419 1950
- 주소: 서울 송파구 올림픽로 424 제2체육관 106호

59. 야구-소프트볼(BASEBALL-SOFTBALL)

 세계야구소프트볼연맹(World Baseball Softball Confederation)

- 본부 소재지: 스위스 로잔
- 공식 언어: 영어, 스페인어
- 설립연도: 2013년(통합연맹)
- 회원국 수: 야구 129개, 소프트볼 120개
- 홈페이지: www.wbsc.org
- 이메일: office@wbsc.org
- 전화번호: 0041 21 318 8240
- 팩스번호: 0041 21 318 8241
- 주소: Maison du Sport International, Avenue de Rhodanie 54, CH-1007 Lausanne, Switzerland
- 세계야구소프트볼연맹 채용정보: www.wbsc.org/organisation/jobs

아시아야구연맹(Baseball Federation of Asia)

- OCA 관계: 가맹
- 본부 소재지: 대만 타이베이
- 설립연도: 1954년
- 회원국 수: 24개
- 홈페이지: www.baseballasia.org
- 이메일: bfa@baseballasia.org
- 전화번호: 00886 227 910 336
- 팩스번호: 00886 227 935 567

아시아소프트볼연맹(Softball Asia)

- OCA 관계: 가맹
- 본부 소재지: 말레이시아 쿠알라룸푸르
- 설립연도: 1990년
- 회원국 수: 21개
- 홈페이지: www.asiasoftball.com
- 이메일: bclow@bclowco.com
- 전화번호: 0060 3 2094 1271
- 팩스번호: 0060 3 2094 1275

 대한야구소프트볼협회(Korea Baseball Softball Association)

- 대한체육회 관계: 가맹(1946년)
- 설립연도: 2017년(통합)
- 홈페이지: www.korea-baseball.com
- 이메일: baseball@sports.or.kr / softball@sports.or.kr
- 전화번호: 02 572 8411
- 팩스번호: 02 572 7041
- 주소: 서울 강남구 강남대로 278 한국야구회관빌딩 4층

60. 오리엔티어링(ORIENTEERING)

국제오리엔티어링연맹(International Orienteering Federation)
- 본부 소재지: 스웨덴 칼스타드
- 공식 언어: 영어
- 설립연도: 1961년
- 회원국 수: 76개
- 홈페이지: www.orienteering.sport
- 이메일: iof@orienteering.org
- 전화번호: 0046 70 314 7433
- 팩스번호: –
- 주소: Drottninggatan 47 31/2Tr, SE-65225 Karlstad, Sweden
- 국제오리엔티어링연맹 채용정보: www.orienteering.sport/news/start-page

–   – (–)
- OCA 관계: –
- 본부 소재지: –
- 설립연도: –
- 회원국 수: –
- 홈페이지: –
- 이메일: –
- 전화번호: –
- 팩스번호: –
- 주소: –

대한오리엔티어링연맹(Korea Orienteering Federation)
- 대한체육회 관계: 가맹(2005년)
- 설립연도: 1977년
- 홈페이지: www.kof.or.kr
- 이메일: kof1@kof.or.kr
- 전화번호: 02 318 1867
- 팩스번호: 02 318 2163
- 주소: 서울 중구 청계천로 40 한국관광공사빌딩 8층

61. 우슈(WUSHU)

국제우슈연맹(International Wushu Federation)

- 본부 소재지: 중국 베이징
- 공식 언어: 영어, 중국어
- 설립연도: 1990년
- 회원국 수: 155개
- 홈페이지: www.iwuf.org
- 이메일: iwuf@iwuf.org
- 전화번호: 0086 10 877 7449
- 팩스번호: 0086 10 5962 0789
- 주소: 9 Huaweili, Chaoyang District, 100021 Beijng, China
- 국제우슈연맹 채용정보: www.iwuf.org/news

아시아우슈연맹(Wushu Federation of Asia)

- OCA 관계: 가맹
- 본부 소재지: 마카오
- 설립연도: 1987년
- 회원국 수: 38개
- 홈페이지: www.wfa-asia.org/en
- 이메일: secretariat@wfa-asia.org
- 전화번호: 00853 2878 9106
- 팩스번호: 00853 2878 9102
- 주소: Avenida Xian Xing Hai, No. 105, Centro Golden Dragon, 7 Floor J, K, L, Macau

대한우슈협회(Korea Wushu Association)

- 대한체육회 관계: 가맹(1989년)
- 설립연도: 1989년
- 홈페이지: http://wushu.sports.or.kr
- 이메일: kwa6381@hanmail.net
- 전화번호: 02 412 6381
- 팩스번호: 02 415 0307
- 주소: 서울 송파구 올림픽로 424 올림픽공원 118호

62. 인명구조(LIFE SAVING)

국제인명구조연맹(International Life Saving Federation)
- 본부 소재지: 벨기에 루뱅
- 공식 언어: 영어
- 설립연도: 1910년
- 회원국 수: 113개
- 홈페이지: www.ilsf.org
- 이메일: ils.hq@telenet.be
- 전화번호: 0032 16 89 6060
- 팩스번호: 0032 16 89 7070
- 주소: Gemeenteplein 26, 3010 Leuven, Belgium
- 국제인명구조연맹 채용정보:
  www.ilsf.org/topics/ils-community

- - (-)
- OCA 관계: -
- 본부 소재지: -
- 설립연도: -
- 회원국 수: -
- 홈페이지: -
- 이메일: -
- 전화번호: -
- 팩스번호: -
- 주소: -

대한인명구조협회(Korea Lifesaving Association)
- 대한체육회 관계: 미가맹
- 설립연도: 2001년
- 홈페이지: www.klsa.kr
- 이메일: kls1339@klsa.kr
- 전화번호: 02 975 1339
- 팩스번호: 02 971 1198
- 주소: 서울 노원구 상계로 98 광복빌딩 2층

한국라이프세이빙소사이어티 (Lifesaving Society Korea)
- 대한체육회 관계: 미가맹
- 설립연도: 2008년
- 홈페이지: www.lskorea.org
- 이메일: info@lskorea.org
- 전화번호: 02 720 7145
- 팩스번호: 02 725 4687
- 주소: 서울 영등포구 선유로 49길 23 IS 비즈타워 2차 1505호

63. 자동차(AUTOMOBILE)

국제자동차연맹(Federation Internationale de l'Automobile)
- 본부 소재지: 스위스 제네바
- 공식 언어: 영어, 프랑스어, 스페인어
- 설립연도: 1904년
- 회원국 수: 146개
- 홈페이지: www.fia.com
- 이메일: dchallande@fia.com
- 전화번호: 0041 22 544 4400
- 팩스번호: 0041 22 544 4450
- 주소: Chemin de Blandonnet 2, 1215 Geneve 15, Switzerland
- 국제자동차연맹 채용정보: https://careers.fia.com

\-   \- (-)
- OCA 관계: -
- 본부 소재지: -
- 설립연도: -
- 회원국 수: -
- 홈페이지: -
- 이메일: -
- 전화번호: -
- 팩스번호: -
- 주소: -

한국자동차협회
(Korea Automobile Association)
- 대한체육회 관계: 미가맹
- 설립연도: 1969년
- 홈페이지: www.kaa21.or.kr
- 이메일: kaa21@kaa21.or.kr
- 전화번호: 02 565 7001
- 팩스번호: 02 3482 5012
- 주소: 서울 성동구 자동차시장 1길 70, D동 3층

대한자동차경주협회
(Korea Automobile Racing Association)
- 대한체육회 관계: 가맹(2015년)
- 설립연도: 1996년
- 홈페이지: www.kara.or.kr
- 이메일: kara@kara.or.kr
- 전화번호: 02 424 2951
- 팩스번호: 02 424 2953
- 주소: 서울 중구 마른내로 156, 광희빌딩별관 12층

64. 줄다리기(TUG OF WAR)

국제줄다리기연맹(Tug of War International Federation)
- 본부 소재지: 미국 위스콘신
- 공식 언어: 영어
- 설립연도: 1960년
- 회원국 수: 73개
- 홈페이지: www.tugofwar-twif.org
- 이메일: 10cc@hetnet.nl
- 전화번호: 001 608 879 2869
- 팩스번호: 0027 21 870 2915
- 주소: P.O. Box 77, Orfordville WI 53576-0077, United States of America
- 국제줄다리기연맹 채용정보: www.tugofwar-twif.org/news

- - (-)
- OCA 관계: -
- 본부 소재지: -
- 설립연도: -
- 회원국 수: -
- 홈페이지: -
- 이메일: -
- 전화번호: -
- 팩스번호: -
- 주소: -

대한민국줄다리기협회(Tug of War Korea)
- 대한체육회 관계: 가맹(2016년)
- 설립연도: 1999년
- 홈페이지: http://ktwf.sportal.or.kr
- 이메일: asian-towf@hanmail.net
- 전화번호: 02 2264 9008
- 팩스번호: 02 418 7332
- 주소: 서울 송파구 올림픽로 25, B-215

65. 체스(CHESS)

국제체스연맹(Fédération Internationale Des Échecs)
- 본부 소재지: 그리스 아테네
- 공식 언어: 영어
- 설립연도: 1924년
- 회원국 수: 187개
- 홈페이지: www.fide.com
- 이메일: office@fide.com
- 전화번호: 0030 210 921 2047
- 팩스번호: 0030 210 921 2859
- 주소: 9 Singrou Avenue, 117 43 Athens, Greece
- 국제체스연맹 채용정보:
  www.fide.com/news/category/fide-news

아시아체스연맹(Asian Chess Federation)
- OCA 관계: 가맹
- 본부 소재지: 아랍에미리트연합 알아인
- 설립연도: 1962년
- 회원국 수: 52개
- 홈페이지: www.asianchess.com
- 이메일: media@asianchess.com
- 전화번호: 00971 3 763 3387
- 팩스번호: 00971 3 763 3362
- 주소: Builiding, No. 1 Alley No. 9, Mohammed Bin Zayed Alawal Street, Sheikh Shakhboot Road Al-Markhaneeya, Al-Khabisi Area, Al Ain, UAE

대한체스연맹(Korea Chess Federation)
- 대한체육회 관계: 가맹(2015년)
- 설립연도: 2007년
- 홈페이지: www.kchess.or.kr
- 이메일: kchess3448@gmail.com
- 전화번호: 02 3448 6611
- 팩스번호: 02 844 6615
- 주소: 서울 영등포구 국회대로 66길 23, 산정빌딩 604호

66. 치어리딩(CHEERLEADING)

국제치어리딩연맹(International Cheer Union)
- 본부 소재지: 미국 테네시
- 공식 언어: 영어
- 설립연도: 2004년
- 회원국 수: 116개
- 홈페이지: www.cheerunion.org
- 이메일: info@cheerunion.org
- 전화번호: 001 901 251 5979
- 팩스번호: 001 901 387 4358
- 주소: 6745 Lenox Center Court, Memphis Tennessee 38115, United States of America
- 국제치어리딩연맹 채용정보: www.cheerunion.org/about/news

- - (-)
- OCA 관계: -
- 본부 소재지: -
- 설립연도: -
- 회원국 수: -
- 홈페이지: -
- 이메일: -
- 전화번호: -
- 팩스번호: -
- 주소: -

대한치어리딩협회(Korea Cheerleading Association)
- 대한체육회 관계: 미가맹
- 설립연도: 2003년
- 홈페이지: www.cheers.or.kr
- 이메일: -
- 전화번호: 02 322 9606
- 팩스번호: 02 725 0482
- 주소: 서울 서대문구 연희로 15길 113

67. 카라테(KARATE)

세계카라테연맹(World Karate Federation)
- 본부 소재지: 스페인 마드리드
- 공식 언어: 영어, 프랑스어
- 설립연도: 1970년
- 회원국 수: 199개
- 홈페이지: www.wkf.net
- 이메일: wkf@wkf.net
- 전화번호: 0034 91 535 9632
- 팩스번호: 0034 91 535 9633
- 주소: Avenida De Filipinas 50, Escalera 2 1°A, 28003, Madrid, Spain
- 세계카라테연맹 채용정보: www.wkf.net/structure-main

아시아카라테연맹(Asian Karate Federation)
- OCA 관계: 가맹
- 본부 소재지: –
- 설립연도: 1972년
- 회원국 수: 44개
- 홈페이지: www.asiankaratefederation.net
- 이메일: ctkftpe@ms31.hinet.net
- 전화번호: –
- 팩스번호: –
- 주소: –

대한카라테연맹(Korea Karate Federation)
- 대한체육회 관계: 가맹(2017년)
- 설립연도: 2016년
- 홈페이지: www.koreakarate.or.kr
- 이메일: karate@sports.or.kr
- 전화번호: 02 413 0154
- 팩스번호: 02 413 0169
- 주소: 서울 송파구 올림픽로 424 벨로드롬 B08호

68. 코프볼(KORFBALL)

국제코프볼연맹(International Korfball Federation)
* 본부 소재지: 네덜란드 위트레흐트
* 공식 언어: 영어
* 설립연도: 1933년
* 회원국 수: 69개
* 홈페이지: www.korfball.sport
* 이메일: office@ikf.org
* 전화번호: 0031 30 307 7899
* 팩스번호: -
* 주소: Orteliuslaan 1041, 3528 BE Utrecht, Netherlands
* 국제코프볼연맹 채용정보: www.korfball.sport/news

아시아코프볼연맹(Asian Continental Korfball Confederation)
* OCA 관계: 미가맹
* 본부 소재지: -
* 설립연도: 2011년
* 회원국 수: 15개
* 홈페이지: -
* 이메일: asia@ikf.org
* 전화번호: -
* 팩스번호: -
* 주소: -

한국코프볼협회(Korea Korfball Federation)
* 대한체육회 관계: 미가맹
* 설립연도: 2007년
* 홈페이지: -
* 이메일: kkf@hotmail.co.kr
* 전화번호: -
* 팩스번호: -
* 주소: 서울 노원구 상계10동 주공아파트 713-1201

69. 크리켓(CRICKET)

국제크리켓연맹(International Cricket Council)
- 본부 소재지: 아랍에미리트연합 두바이
- 공식 언어: 영어
- 설립연도: 1909년
- 회원국 수: 105개
- 홈페이지: www.icc-cricket.com
- 이메일: enquiry@icc-cricket.com
- 전화번호: 00971 4 382 8800
- 팩스번호: 00971 4 382 8600
- 주소: SH Mohammed Bin Zayed Road, Dubai Sports City, Street 69, P.O. Box 500070, Dubai, UAE
- 국제크리켓연맹 채용정보: www.icc-cricket.com/about/the-icc/working-at-icc/jobs-and-recruitment

아시아크리켓연맹(Asian Cricket Council)
- OCA 관계: 가맹
- 본부 소재지: 스리랑카 콜롬보
- 설립연도: 1983년
- 회원국 수: 25개
- 홈페이지: www.asiancricket.org
- 이메일: thusith@asiancricket.org
- 전화번호: 0094 11 268 1601
- 팩스번호: 0094 11 269 7405
- 주소: 35 Maitland Place, Colombo 07, Sri Lanka

대한크리켓협회(Korea Cricket Association)
- 대한체육회 관계: 가맹(2011년)
- 설립연도: 1993년
- 홈페이지: www.cricket.or.kr
- 이메일: korea@cricket.or.kr
- 전화번호: 070 7786 1000
- 팩스번호: -
- 주소: 인천 서구 봉수대로 806 연희크리켓경기장

70. 킥복싱(KICKBOXING)

세계킥복싱연맹(World Association of Kickboxing Organizations)

- 본부 소재지: 이탈리아 몬차
- 공식 언어: 영어
- 설립연도: 1977년
- 회원국 수: 129개
- 홈페이지: www.wako.sport
- 이메일: administration@wako.sport
- 전화번호: 0039 345 013 5521
- 팩스번호: 0039 039 232 8901
- 주소: Via Alessandro Manzoni 25002, Monza, Italy
- 세계킥복싱연맹 채용정보: www.wako.sport/en/news

아시아킥복싱연맹(Asian Kickboxing Confederation)

- OCA 관계: 가맹
- 본부 소재지: 키르기스스탄 비슈케크
- 설립연도: 1996년
- 회원국 수: 34개
- 홈페이지: www.wakoasia.com
- 이메일: wakoasia@wakoplanet.com
- 전화번호: 0098 21 88 96 7346
- 팩스번호: 0098 21 88 97 2049
- 주소: 134 Bokonbaeva Street, Bishkek 720040, Kyrgyzstan

대한킥복싱협회(Korea Kickboxing Association)

- 대한체육회 관계: 가맹(2009년)
- 설립연도: 2008년
- 홈페이지: www.wakokorea.or.kr
- 이메일: wako_korea@naver.com
- 전화번호: 02 732 8826
- 팩스번호: 031 752 8827
- 주소: 경기도 성남시 중원구 양현로 411, 402호

71. 파워보트(POWERBOAT)

국제파워보트연맹(Union Internationale Motonautique)
- 본부 소재지: 모나코
- 공식 언어: 영어
- 설립연도: 1922년
- 회원국 수: 59개
- 홈페이지: www.uim.sport
- 이메일: uim@uimpowerboating.com
- 전화번호: 00377 92 05 2522
- 팩스번호: 00377 92 05 0460
- 주소: Avenue Des Castelans 1, Stade Louis II - Entree H, 98000 Monaco
- 국제파워보트연맹 채용정보: www.uim.sport/NewsList.aspx

- - (-)
- OCA 관계: -
- 본부 소재지: -
- 설립연도: -
- 회원국 수: -
- 홈페이지: -
- 이메일: -
- 전화번호: -
- 팩스번호: -
- 주소: -

대한파워보트연맹(Korea Power Boat Federation)
- 대한체육회 관계: 가맹(2018년)
- 설립연도: 2008년
- 홈페이지: www.powerboat.or.kr
- 이메일: info@powerboat.or.kr
- 전화번호: 031 759 7990
- 팩스번호: 031 759 7991
- 주소: 경기도 성남시 중원구 둔촌대로 217 대성빌딩 2층

72. 펠로타바스카(PELOTA VASCA)

국제펠로타바스카연맹(Federación Internacional de Pelota Vasca)
- 본부 소재지: 스페인 팜플로나
- 공식 언어: 스페인어, 프랑스어
- 설립연도: 1929년
- 회원국 수: 33개
- 홈페이지: www.fipv.net
- 이메일: info@fipv.net
- 전화번호: 0034 948 16 4080
- 팩스번호: 0034 948 16 2525
- 주소: Calle Bernardino Tirapu, 67 Pamplona Navarra 31014, Spain
- 국제펠로타바스카연맹 채용정보:
  www.fipv.net/index.php/es/actualidad

- - (-)
- OCA 관계: -
- 본부 소재지: -
- 설립연도: -
- 회원국 수: -
- 홈페이지: -
- 이메일: -
- 전화번호: -
- 팩스번호: -
- 주소: -

- - (-)
- 대한체육회 관계: -
- 설립연도: -
- 홈페이지: -
- 이메일: -
- 전화번호: -
- 팩스번호: -
- 주소: -

73. 폴로(POLO)

국제폴로연맹(Federation of International Polo)
- 본부 소재지: 아르헨티나 부에노스아이레스
- 공식 언어: 영어, 스페인어
- 설립연도: 1982년
- 회원국 수: 86개
- 홈페이지: www.fippolo.com
- 이메일: office@fippolo.com
- 전화번호: 0054 114 773 4261
- 팩스번호: –
- 주소: Sinclair 3139, 6th Floor, Departamento A, C1425FRE Buenos Aires, Argentina
- 국제폴로연맹 채용정보: www.fippolo.com/newsletters

– – (–)
- OCA 관계: –
- 본부 소재지: –
- 설립연도: –
- 회원국 수: –
- 홈페이지: –
- 이메일: –
- 전화번호: –
- 팩스번호: –
- 주소: –

대한폴로협회(Korean Polo Association)
- 대한체육회 관계: 가맹(2015년)
- 설립연도: 2014년
- 홈페이지: –
- 이메일: info@koreapoloclub.com
- 전화번호: 064 784 9020
- 팩스번호: 064 784 9021
- 주소: 제주 구좌읍 월행남길 322-30

74. 플라잉디스크(FLYING DISC)

세계플라잉디스크연맹(World Flying Disc Federation)
- 본부 소재지: 독일 학스하임
- 공식 언어: 영어
- 설립연도: 1985년
- 회원국 수: 91개
- 홈페이지: www.wfdf.sport
- 이메일: volker.bernardi@wfdf.org
- 전화번호: 0049 6138 90 20 868
- 팩스번호: 0049 6138 90 20 869
- 주소: Enggasse 2A, 55296 Harxheim, Germany
- 세계플라잉디스크연맹 채용정보: www.wfdf.sport/news

아시아플라잉디스크연맹(Asia Flying Disc Federation)
- OCA 관계: 미가맹
- 본부 소재지: 대만 신추(대만 협회 내)
- 설립연도: 2011년
- 회원국 수: 23개
- 홈페이지: -
- 이메일: -
- 전화번호: 00886 4 2222 2777
- 팩스번호: 00886 4 2360 1860
- 주소: No.57, Jinshan 27th Street, East District, Hsinchu City 300, Chinese Taipei

대한민국얼티밋선수협회(Korea Ultimate Players Association)
- 대한체육회 관계: 미가맹
- 설립연도: 2005년
- 홈페이지: www.koreaultimate.org
- 이메일: kupa.admin@gmail.com
- 전화번호: -
- 팩스번호: -
- 주소: -

75. 플로어볼(FLOORBALL)

국제플로어볼연맹(International Floorball Federation)

- 본부 소재지: 핀란드 헬싱키
- 공식 언어: 영어
- 설립연도: 1986년
- 회원국 수: 74개
- 홈페이지: www.floorball.sport
- 이메일: office@floorball.org
- 전화번호: 00358 9 4542 1425
- 팩스번호: 00358 9 4542 1450
- 주소: Alakiventie 2, 00920 Helsinki, Finland
- 국제플로어볼연맹 채용정보: www.floorball.sport/news

아시아오세아니아플로어볼연맹(Asia and Oceania Floorball Confederation)

- OCA 관계: 미가맹
- 본부 소재지: 태국 방콕
- 설립연도: 2005년
- 회원국 수: 15개
- 홈페이지: www.asiaoceaniafloorballconfederation.org
- 이메일: info.aofc@gmail.com
- 전화번호: –
- 팩스번호: –
- 주소: Room 228, Rajamangala National Stadium, Sport Authority of Thailand, 286 Ramkhamhaeng Road Huamark, Bangkapi 10240, Bangkok, Thailand

대한플로어볼협회(Korea Floorball Federation)

- 대한체육회 관계: 가맹(2009년)
- 설립연도: 2004년
- 홈페이지: www.floorball.co.kr
- 이메일: floorball@hanmail.net
- 전화번호: 02 2266 1170
- 팩스번호: 02 2266 1175
- 주소: 서울 중구 동호로 14길 52

76. 항공스포츠(AIRSPORTS)

국제항공연맹(Fédération Aéronautique Internationale)
- 본부 소재지: 스위스 로잔
- 공식 언어: 영어, 프랑스어, 러시아어, 스페인어
- 설립연도: 1905년
- 회원국 수: 100개
- 홈페이지: www.fai.org
- 이메일: info@fai.org
- 전화번호: 0041 21 345 1070
- 팩스번호: 0041 21 345 1077
- 주소: Maison du Sport International, Avenue de Rhodanie 54, CH-1007 Lausanne, Switzerland
- 국제항공연맹 채용정보: www.fai.org/news

아시아항공연맹(Airsport Federation of Asia)
- OCA 관계: 가맹
- 본부 소재지: 태국 방콕
- 설립연도: 2018년
- 회원국 수: 25개
- 홈페이지: www.asiaairsports.org
- 이메일: members.afa@gmail.com
- 전화번호: 00662 523 9448
- 팩스번호: -
- 주소: 171 Aviation Science Museum Building, Don Mueang, 10210 Bangkok, Thailand

대한민국항공회(Federation of Korea Aeronautics)
- 대한체육회 관계: 가맹(2002년)
- 설립연도: 1945년
- 홈페이지: www.fkaero.or.kr
- 이메일: fka@fkaero.or.kr
- 전화번호: 02 424 5933
- 팩스번호: 02 412 6115
- 주소: 서울 중구 통일로 26 한일빌딩 702호

4장 독립국제연맹연합회(AIMS)

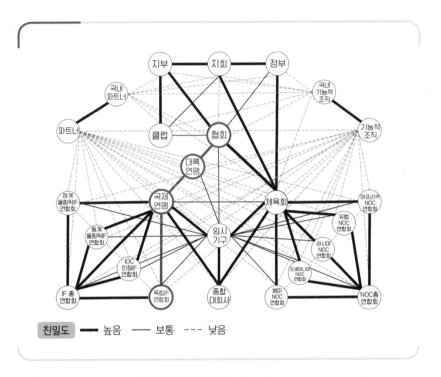

친밀도 ━━ 높음 ─── 보통 --- 낮음

독립국제연맹연합회(AIMS, Alliance of Independent Recognised Members of Sport)

- 본부 소재지: 스위스 로잔
- 공식 언어: 영어
- 설립연도: 2009년
- 가맹 국제연맹 수: 18개
- 홈페이지: www.aimsisf.org
- 이메일: admin@aimsisf.org
- 전화번호: 0041 21 612 3070
- 팩스번호: -
- 주소: Maison du Sport International, Avenue de Rhodanie 54, CH-1007 Lausanne, Switzerland

77. 검도(KENDO)

국제검도연맹(International Kendo Federation)
- 본부 소재지: 일본 도쿄
- 공식 언어: 영어, 일본어
- 설립연도: 1970년
- 회원국 수: 59개
- 홈페이지: www.kendo-fik.org
- 이메일: kendo-fik@kendo.or.jp
- 전화번호: 0081 3 3234 6271
- 팩스번호: 0081 3 3234 6007
- 주소: 2nd Floor, Yasukuni Kudan Minami Building, 2-3-14, Kudan Minami, Chiyoda-ku, Tokyo, Japan
- 국제검도연맹 채용정보: www.kendo-fik.org/news

- - (-)
- OCA 관계: -
- 본부 소재지: -
- 설립연도: -
- 회원국 수: -
- 홈페이지: -
- 이메일: -
- 전화번호: -
- 팩스번호: -
- 주소: -

대한검도회(Korea Kumdo Association)
- 대한체육회 관계: 가맹(1953년)
- 설립연도: 1953년
- 홈페이지: www.kumdo.org
- 이메일: webmaster@kumdo.org
- 전화번호: 02 420 4258
- 팩스번호: 02 420 4350
- 주소: 서울 송파구 올림픽로 424 올림픽컨벤션센터 1층

78. 다트(DARTS)

세계다트연맹(World Darts Federation)
- 본부 소재지: 미국 뉴욕
- 공식 언어: 영어
- 설립연도: 1976년
- 회원국 수: 73개
- 홈페이지: www.dartswdf.com
- 이메일: corporate@dartswdf.com
- 전화번호: 001 403 548 2939
- 팩스번호: −
- 주소: 38 Audrey Avenue, Plainview, New York 11803-3430, United States of America
- 세계다트연맹 채용정보: www.dartswdf.com/category/news

− − (−)
- OCA 관계: −
- 본부 소재지: −
- 설립연도: −
- 회원국 수: −
- 홈페이지: −
- 이메일: −
- 전화번호: −
- 팩스번호: −
- 주소: −

대한다트연맹(Korea Darts Federation)
- 대한체육회 관계: 미가맹
- 설립연도: 2006년
- 홈페이지: www.darts.or.kr
- 이메일: kdf@darts.or.kr
- 전화번호: 02 322 3023
- 팩스번호: −
- 주소: 서울 서대문구 연세로 5다길 22-3, 4층

79. 독스포츠(DOG SPORTS)

국제독스포츠연맹(International Federation of Sleddog Sports)
- 본부 소재지: 벨기에 브뤼셀
- 공식 언어: 영어
- 설립연도: 1985년
- 회원국 수: 47개
- 홈페이지: www.sleddogsport.net
- 이메일: info@sleddogsport.net
- 전화번호: 0047 9 052 2863
- 팩스번호: -
- 주소: Avenue Louise 143-4, Bruxelles Ixelles, Brussels Capital, 1050, Belgium
- 국제독스포츠연맹 채용정보: www.sleddogsport.net/newsletter

-     - (-)
- OCA 관계: -
- 본부 소재지: -
- 설립연도: -
- 회원국 수: -
- 홈페이지: -
- 이메일: -
- 전화번호: -
- 팩스번호: -
- 주소: -

대한독스포츠연맹(Korea Federation of Sleddog Sports)
- 대한체육회 관계: 미가맹
- 설립연도: 2003년
- 홈페이지: www.dogsports.org
- 이메일: kfss@kfss.or.kr
- 전화번호: 02 549 5594
- 팩스번호: 02 549 0305
- 주소: 서울 용산구 후암로 4길 7

80. 드래곤보트(DRAGON BOAT)

국제드래곤보트연맹(International Dragon Boat Federation)
- 본부 소재지: 중국 베이징
- 공식 언어: 영어, 중국어
- 설립연도: 1991년
- 회원국 수: 73개
- 홈페이지: https://dragonboat.sport
- 이메일: support@dragonboat.sport
- 전화번호: 0086 10 6712 8832
- 팩스번호: 0086 10 6713 3577
- 주소: 9, Tiyuguan Road, Beijing 100763, China
- 국제드래곤보트연맹 채용정보:
  www.dragonboat.sport/news

아시아드래곤보트연맹(Asian Dragon Boat Federation)
- OCA 관계: 가맹
- 본부 소재지: 중국 베이징
- 설립연도: 1991년
- 회원국 수: 15개
- 홈페이지: -
- 이메일: adbfdragon@126.com
- 전화번호: 0086 10 6712 8832
- 팩스번호: 0086 10 6713 3577
- 주소: 9, Tiyuguan Road, Beijing 100763, China

대한드래곤보트협회(Korean Dragon Boat Association)
- 대한체육회 관계: 미가맹
- 설립연도: 1999년
- 홈페이지: www.kdba.or.kr
- 이메일: kdba@kdba.or.kr
- 전화번호: 02 3285 3369
- 팩스번호: 02 3285 2369
- 주소: 서울 관악구 남부순환로 1935

81. 드래프츠(DRAUGHTS)

세계드래프츠연맹(World Draughts Federation)
- 본부 소재지: 네덜란드 암스테르담
- 공식 언어: 영어, 프랑스어, 러시아어
- 설립연도: 1947년
- 회원국 수: 77개
- 홈페이지: www.fmjd.org
- 이메일: office@fmjd.org
- 전화번호: 0031 20 616 7402
- 팩스번호: –
- 주소: Orteliusstr, 147 hs, NL Amsterdam, Netherlands
- 세계드래프츠연맹 채용정보:
  www.fmjd.org/index.php?n=old&how=0

아시아드래프츠연맹(Asian Draughts Confederation)
- OCA 관계: 미가맹
- 본부 소재지: 몽골 울란바토르
- 설립연도: 2000년
- 회원국 수: 26개
- 홈페이지: www.asiadraughts.org
- 이메일: office@asiadraughts.org
- 전화번호: 00976 9191 3339
- 팩스번호: 00976 1145 4340
- 주소: 49/416, Ulaanbaatar-13371, Mongolia

–   – (–)
- 대한체육회 관계: –
- 설립연도: –
- 홈페이지: –
- 이메일: –
- 전화번호: –
- 팩스번호: –
- 주소: –

82. 미니골프(MINIGOLF)

세계미니골프연맹(World Minigolf Sport Federation)
• 본부 소재지: 독일 밤베르크
• 공식 언어: 영어
• 설립연도: 1983년
• 회원국 수: 63개
• 홈페이지: www.minigolfsport.com
• 이메일: office@minigolfsport.com
• 전화번호: 0049 176 2319 1937
• 팩스번호: −
• 주소: Panzerleite 49, DE−96049 Bamberg, Germany
• 세계미니골프연맹 채용정보:
  https://gov.minigolfsport.com/bulletin/announcements

아시아미니골프연맹(Asia Minigolf Sport Federation)
• OCA 관계: 미가맹
• 본부 소재지: 홍콩
• 설립연도: 2009년
• 회원국 수: 13개
• 홈페이지: www.asiaminigolf.org
• 이메일: 783531058@qq.com
• 전화번호: 0086 139 0836 5086
• 팩스번호: 0086 189 8321 8667
• 주소: Unit 07 7/F Bright Way Tower No. 33 Mong Kok
  Road Kln Hong Kong

한국뉴스포츠협회(Korea Newsports Association)
• 대한체육회 관계: 미가맹 / 한국뉴스포츠협회에서 통합 관리
  (별도 미니골프협회 없음)
• 설립연도: 2006년
• 홈페이지: www.newsports.or.kr
• 이메일: info01@neewsports.or.kr
• 전화번호: 02 2648 2078
• 팩스번호: 02 2642 4385
• 주소: 서울 강서구 화곡로 68길 15 아벨테크노 1311호

83. 바둑(GO)

국제바둑연맹(International Go Federation)
- 본부 소재지: 일본 도쿄
- 공식 언어: 영어
- 설립연도: 1982년
- 회원국 수: 77개
- 홈페이지: www.intergofed.org
- 이메일: office@intergofed.org
- 전화번호: 0081 3 3288 8727
- 팩스번호: 0081 3 3239 0899
- 주소: 4th Floor, Nihon Ki-in Kaikan, 7-2 Gobancho, Chiyoda-ku, Tokyo 102-0076, Japan
- 국제바둑연맹 채용정보:
  www.intergofed.org/category/igf-news-feed

- - (-)
- OCA 관계: -
- 본부 소재지: -
- 설립연도: -
- 회원국 수: -
- 홈페이지: -
- 이메일: -
- 전화번호: -
- 팩스번호: -
- 주소: -

한국기원(Korea Baduk Association)
- 대한체육회 관계: 미가맹(대한바둑협회, 2009년 대한체육회 가맹)
- 설립연도: 1945년
- 홈페이지: www.baduk.or.kr
- 이메일: webmaster@baduk.or.kr
- 전화번호: 02 3407 3800
- 팩스번호: 02 3407 3875
- 주소: 서울 성동구 마장로 210

84. 보디빌딩(BODYBUILDING AND FITNESS)

국제보디빌딩연맹(International Federation of Bodybuilding and Fitness)

- 본부 소재지: 스페인 마드리드
- 공식 언어: 영어
- 설립연도: 1946년
- 회원국 수: 182개
- 홈페이지: www.ifbb.com
- 이메일: contact@ifbb.com
- 전화번호: 0034 91 535 2819
- 팩스번호: −
- 주소: Calle Dublin, 39, 28232 Europolis, Las Rozas, Madrid, Spain
- 국제보디빌딩연맹 채용정보: www.ifbb.com/news

아시아보디빌딩연맹(Asian Federation of Bodybuilding and Fitness)

- OCA 관계: 가맹
- 본부 소재지: 스페인 마드리드
- 설립연도: 2009년
- 회원국 수: 35개
- 홈페이지: www.ifbbasia.com
- 이메일: info@ifbbasia.com
- 전화번호: 0034 91 535 2819
- 팩스번호: −
- 주소: Calle Dublín, 39, 28232 Europolis, Las Rozas, Madrid, Spain

대한보디빌딩협회(Korean Bodybuilding Fitness Federation)

- 대한체육회 관계: 가맹(1989년)
- 설립연도: 1987년
- 홈페이지: http://bodybuilding.sports.or.kr
- 이메일: bodybuilding@sports.or.kr
- 전화번호: 02 3431 4523
- 팩스번호: 02 3431 4524
- 주소: 서울 송파구 올림픽로 424 SK핸드볼경기장 121호

85. 사바테(SAVATE)

국제사바테연맹(Fédération Internationale de Boxe Française Savate)
- 본부 소재지: 프랑스 티에
- 공식 언어: 영어, 프랑스어
- 설립연도: 1985년
- 회원국 수: 62개
- 홈페이지: https://fisavate.org
- 이메일: fisavate.office@gmail.com
- 전화번호: 0044 122 392 6030
- 팩스번호: −
- 주소: 5, Rue Alexandre Darracq, 94320 Thiais, France
- 국제사바테연맹 채용정보:
  https://fisavate.org/index.php/en/informations

아시아사바테연맹(Asian Savate Confederation)
- OCA 관계: 미가맹
- 본부 소재지: −
- 설립연도: 2016년
- 회원국 수: 11개
- 홈페이지: www.asiansavate.org
- 이메일: info@asiansavate.org
- 전화번호: −
- 팩스번호: −
- 주소: −

−   대한사바테연맹(Korea Savate Federation)
- 대한체육회 관계: 미가맹
- 설립연도: 2007년
- 홈페이지: http://cafe.daum.net/savate
- 이메일: lacanne@hanmail.net
- 전화번호: 02 477 7677
- 팩스번호: −
- 주소: 서울 강동구 천호대로 193길 36, B1층

86. 세팍타크로(SEPAKTAKRAW)

국제세팍타크로연맹(International Sepaktakraw Federation)
- 본부 소재지: 싱가포르
- 공식 언어: 영어
- 설립연도: 1988년
- 회원국 수: 31개
- 홈페이지: www.sepaktakraw.org
- 이메일: perses@sepaktakraw.org
- 전화번호: 0065 6 449 8963
- 팩스번호: 0065 6 449 5336
- 주소: No. 7 Bedok North Street 2, #02-02 Singapore 469646
- 국제세팍타크로연맹 채용정보:
  sepaktakraw.org/index.php/category/uncategorized

아시아세팍타크로연맹(Asian Sepaktakraw Federation)
- OCA 관계: 가맹
- 본부 소재지: 싱가포르
- 설립연도: 2002년
- 회원국 수: 17개
- 홈페이지: -
- 이메일: eo@perses.org
- 전화번호: 0065 6 449 8963
- 팩스번호: 0065 6 449 5336
- 주소: No. 7 Bedok North Street #02-02, Singapore 469646

대한세팍타크로협회(Korea Sepaktakraw Association)
- 대한체육회 관계: 가맹(1994년)
- 설립연도: 1988년
- 홈페이지: http://sepaktakraw.sports.or.kr
- 이메일: kstasepak@korea.com
- 전화번호: 02 420 4288
- 팩스번호: 02 420 4782
- 주소: 서울 송파구 올림픽로 424번지 올림픽공원 SK핸드볼경기장 117호

87. 소프트테니스(SOFT TENNIS)

국제소프트테니스연맹(International Soft Tennis Federation)
- 본부 소재지: 대한민국 대구
- 공식 언어: 영어
- 설립연도: 1974년
- 회원국 수: 45개
- 홈페이지: www.softtennis-istf.com
- 이메일: softtennisistf@gmail.com
- 전화번호: 053 426 7117
- 팩스번호: -
- 주소: 대구 중구 동인동 3가 361-1 미주빌딩 4층
- 국제소프트테니스연맹 채용정보:
  www.softtennis-istf.org/istf/news.html

아시아소프트테니스연맹(Asian Soft Tennis Federation)
- OCA 관계: 가맹
- 본부 소재지: 일본 도쿄
- 설립연도: 1988년
- 회원국 수: 23개
- 홈페이지: www.astf.asia
- 이메일: info@astf.asia
- 전화번호: 0081 3 6417 1654
- 팩스번호: 0081 3 6417 1664
- 주소: 1-16-2-201, Ooi, Shinagawa-ku, Tokyo
  140-0014 Japan

대한소프트테니스협회(Korea Soft Tennis Association)
- 대한체육회 관계: 가맹(1948년)
- 설립연도: 1920년
- 홈페이지: http://softtennis.sports.or.kr
- 이메일: allsofttennis@daum.net
- 전화번호: 02 420 4057
- 팩스번호: 02 414 8089
- 주소: 서울 송파구 올림픽로 424 올림픽테니스장 307호

88. 스포츠피싱(SPORTS FISHING)

국제스포츠피싱연맹(Confédération Internationale de la Peche Sportive)
- 본부 소재지: 이탈리아 로마
- 공식 언어: 프랑스어, 영어
- 설립연도: 1952년
- 회원국 수: 71개
- 홈페이지: www.cips-fips.com
- 이메일: cipssecretariat@cips-fips.com
- 전화번호: 0039 6 879 805 14
- 팩스번호: 0039 6 879 800 87
- 주소: Viale Tiziano, 70, IT - 00196 Rome, Italy
- 국제스포츠피싱연맹 채용정보:
  ww.cips-fips.com/cips/news/news.html

- (-)
- OCA 관계: -
- 본부 소재지: -
- 설립연도: -
- 회원국 수: -
- 홈페이지: -
- 이메일: -
- 전화번호: -
- 팩스번호: -
- 주소: -

한국스포츠피싱연맹(Korea Sportishing Federation)
- 대한체육회 관계: 미가맹
- 설립연도: 1995년
- 홈페이지: www.sportfishing.co.kr
- 이메일: sportfishing@sportfishing.co.kr
- 전화번호: 02 777 3885
- 팩스번호: 02 777 3736
- 주소: 서울 종로구 와룡동 74번지 중앙빌딩 201호

89. 아이키도(AIKIDO)

국제합기도연맹(International Aikido Federation)

- 본부 소재지: 일본 도쿄
- 공식 언어: 영어, 프랑스어, 일본어
- 설립연도: 1976년
- 회원국 수: 56개
- 홈페이지: www.aikido-international.org
- 이메일: info@aikido-international.org
- 전화번호: 0081 3 3203 9236
- 팩스번호: 0081 3 3204 8145
- 주소: 17-18 Wakamatsu-cho, Shinjuku-ku, Tokyo, 162-0056 Japan
- 국제합기도연맹 채용정보: www.aikido-international.org/news-archive

－　　　　－ (－)

- OCA 관계: －
- 본부 소재지: －
- 설립연도: －
- 회원국 수: －
- 홈페이지: －
- 이메일: －
- 전화번호: －
- 팩스번호: －
- 주소: －

대한합기도회(Korea Aikido Federation)

- 대한체육회 관계: 미가맹(대한민국합기도총협회, 2018년 대한체육회 가맹)
- 설립연도: 1991년
- 홈페이지: www.aikido.co.kr
- 이메일: aikidokorea@gmail.com
- 전화번호: 02 3275 0727
- 팩스번호: 02 704 9598
- 주소: 서울 마포구 백범로 1길 21

90. 주짓수(JU-JITSU)

국제주짓수연맹(Ju-Jitsu International Federation)
- 본부 소재지: 아랍에미리트 아부다비
- 공식 언어: 영어
- 설립연도: 1987년
- 회원국 수: 123개
- 홈페이지: www.jjif.org
- 이메일: mail@jjif.org
- 전화번호: 00971 2 443 0022
- 팩스번호: 00971 2 443 0355
- 주소: Capital Tower 17th Floor, ADNEC Area, Abu Dhabi, United Arab Emirates
- 국제주짓수연맹 채용정보: www.jjif.org/index.php?id=17

아시아주짓수연맹(Ju-Jitsu Asian Union)
- OCA 관계: 가맹
- 본부 소재지: 아랍에미리트 아부다비
- 설립연도: 2014년
- 회원국 수: 39개
- 홈페이지: www.jjau.org
- 이메일: info@jjau.org
- 전화번호: 00971 2 443 0022
- 팩스번호: 00971 2 443 0355
- 주소: Capital Tower 17th Floor, ADNEC Area, Abu Dhabi, United Arab Emirates

대한주짓수회(Jiu-Jitsu Association of Korea)
- 대한체육회 관계: 가맹(2018년)
- 설립연도: 2015년
- 홈페이지: www.jjak.or.kr
- 이메일: info.jjak@gmail.com
- 전화번호: 051 628 8567
- 팩스번호: 051 797 8132
- 주소: 부산 남구 수영로 274, 3층

91. 캐스팅(CASTING)

국제캐스팅연맹(International Casting Sport Federation)

- 본부 소재지: 체코 프라하
- 공식 언어: 영어, 독일어
- 설립연도: 1955년
- 회원국 수: 50개
- 홈페이지: www.icsf-castingsport.com
- 이메일: info@icsf-castingsport.com
- 전화번호: 00420 603 418 049
- 팩스번호: -
- 주소: Novosuchdolska 37, 16500 Prague, Czech Republic
- 국제캐스팅연맹 채용정보: www.icsf-castingsport.com/news

    –   – (-)

- OCA 관계: -
- 본부 소재지: -
- 설립연도: -
- 회원국 수: -
- 홈페이지: -
- 이메일: -
- 전화번호: -
- 팩스번호: -
- 주소: -

서울스페이클럽(Seoul Spey Club)

- 대한체육회 관계: 미가맹
- 설립연도: 2014년
- 홈페이지: www.seoulspeyclub.com
- 이메일: seoulspeyclub@gmail.com
- 전화번호: 010 5009 7651
- 팩스번호: -
- 주소: 서울 강북 덕릉로 40다길 33-38

92. 테크볼(TEQBALL)

 국제테크볼연맹(Fédération Internationale de Teqball)
- 본부 소재지: 스위스 로잔
- 공식 언어: 영어, 프랑스어
- 설립연도: 2017년
- 회원국 수: 89개
- 홈페이지: www.teqball.sport
- 이메일: info@fiteq.org
- 전화번호: 00353 86 036 1875
- 팩스번호: -
- 주소: c/o. Ametis Conseils SA, Place Saint-François 7, 1003 Lausanne, Switzerland
- 국제테크볼연맹 채용정보: www.powerlifting.sport/about-ipf/news

\-   - (-)
- OCA 관계: -
- 본부 소재지: -
- 설립연도: -
- 회원국 수: -
- 홈페이지: -
- 이메일: -
- 전화번호: -
- 팩스번호: -
- 주소: -

 대한테크볼협회(Korea Teqball Association)
- 대한체육회 관계: 가맹(2020년)
- 설립연도: 2018년
- 홈페이지: www.kteqball.com
- 이메일: info@kteqball.com
- 전화번호: 02 6405 7112
- 팩스번호: 02 6404 7112
- 주소: 서울 강동구 상일동 246번지 지하1층

93. 파워리프팅(POWERLIFTING)

International Powerlifting Federation

국제파워리프팅연맹(International Powerlifting Federation)
- 본부 소재지: 룩셈부르크 슈트라쎈
- 공식 언어: 영어
- 설립연도: 1972년
- 회원국 수: 125개
- 홈페이지: https://powerlifting.sport
- 이메일: office@powerlifting.sport
- 전화번호: 00352 26 389 114
- 팩스번호: 00352 582 696
- 주소: 3, Route d'Arlon, L-8009 Strassen, Luxembourg
- 국제파워리프팅연맹 채용정보:
  www.powerlifting.sport/about-ipf/news

아시아파워리프팅연맹(Asian Powerlifting Federation)
- OCA 관계: 미가맹
- 본부 소재지: 이란 테헤란
- 설립연도: 1984년
- 회원국 수: 30개
- 홈페이지: www.asia-powerlifting.com
- 이메일: farshid.soltani@powerlifting-ipf.com
- 전화번호: 0098 21 8824 2100
- 팩스번호: 0098 21 8827 0581
- 주소: Shadmehr St 21, Ali Akbar Nickravesh Fard Ave, Mohammad Mahdi Nickravesh Fard Alley, Tehran, Iran

한국파워리프팅협회(Korea Powerlifting Federation)
- 대한체육회 관계: 미가맹
- 설립연도: 1991년
- 홈페이지: www.ipfkorea.co.kr
- 이메일: dleorlfsla1@naver.com
- 전화번호: 02 3443 3672
- 팩스번호: -
- 주소: 서울 서초구 반포동 705-6번지 미성빌딩 4층

94. 팔씨름(ARMWRESTLING)

세계팔씨름연맹(World Armwrestling Federation)
- 본부 소재지: 불가리아 소피아
- 공식 언어: 영어
- 설립연도: 1977년
- 회원국 수: 82개
- 홈페이지: www.waf-armwrestling.com
- 이메일: contact@waf-armwrestling.com
- 전화번호: 00359 888 96 8541
- 팩스번호: 00359 294 614 15
- 주소: Sofia Park Trading Zone, Building 16V, Fl.1 Office 1-2, Sofia 1766 Bulgaria
- 세계팔씨름연맹 채용정보: www.waf-armwrestling.com/blog

－　　－ (-)
- OCA 관계: -
- 본부 소재지: -
- 설립연도: -
- 회원국 수: -
- 홈페이지: -
- 이메일: -
- 전화번호: -
- 팩스번호: -
- 주소: -

대한팔씨름연맹(Korea Armwrestling Federation)
- 대한체육회 관계: 미가맹
- 설립연도: 2010년
- 홈페이지: www.armwrestling.or.kr
- 이메일: karmwrestling@gmail.com
- 전화번호: 070 8802 5105
- 팩스번호: 02 921 0237
- 주소: 서울 성북구 동소문로 26길 17, 지하1층

95. 피스트볼(FISTBALL)

국제피스트볼연맹(International Fistball Association)

- 본부 소재지: 오스트리아 린츠
- 공식 언어: 영어, 독일어
- 설립연도: 1960년
- 회원국 수: 63개
- 홈페이지: www.ifa-fistball.com
- 이메일: office@ifa-fistball.com
- 전화번호: 0043 676 564 8146
- 팩스번호: -
- 주소: Hölderlinstraße 26, A-4040 Linz, Austria
- 국제피스트볼연맹 채용정보:
  www.ifa-fistball.com/en/news

아시아피스트볼연맹(Asia-Pacific Fistball Association)

- OCA 관계: 미가맹
- 본부 소재지: -
- 설립연도: 2015년
- 회원국 수: 13개
- 홈페이지: www.apfa-fistball.com
- 이메일: b.dowall@ifa-fistball.com
- 전화번호: 0064 21 024 50424
- 팩스번호: -
- 주소: -

대한피스트볼협회(South Korea Fistball Federation)

- 대한체육회 관계: 미가맹
- 설립연도: -
- 홈페이지: -
- 이메일: at.co40@yahoo.com
- 전화번호: 032 613 0582
- 팩스번호: -
- 주소: 경기도 부천시 원미구 옥산로 113-19, 3층

제3권

국가체육회 디렉토리

SPORTS GOVERNANCE

국가체육회총연합회(ANOC)는 회원 조직인 국가체육회들의 이익을 지키고 그들의 자치권을 보호하기 위해 설립된 국제스포츠기구입니다. 본 기관은 자체 대회, 행사, 교육, 시상, 지원프로그램 등을 통해 회원 조직들과 교류하고, 구성 조직 간 협력 및 관계증진을 위해 노력합니다. ANOC 산하 206개 국가체육회는 5개 대륙 국가체육회연합회 – 범미국가체육회연합회(41개), 오세아니아국가체육회연합회(17개), 아시아국가체육회연합회(44개), 유럽국가체육회연합회(50개), 아프리카국가체육회연합회(54개) – 로 구분되어 있습니다.

대륙 국가체육회연합회는 활동 범위를 해당 지역으로 한정해 상위기관인 ANOC과 비슷한 역할을 수행합니다. 예를 들어, 아시아올림픽평의회는 아시아 내 국가체육회들의 연합회로서 44개 회원국과 함께 자체 대회인 아시안게임, 동계아시안게임, 비치게임, 유스게임, 실내무도대회, 아시아 내 세부지역별 대회 등을 정기적으로 개최합니다. 또한 대회가 열리는 기간 동안 크고 작은 회의 및 시상 등의 행사도 함께 열어 선수뿐만 아니라 행정가들의 교류도 활발히 이루어지도록 합니다.

'제3권'은 대륙 통솔기구를 기준으로 총 5개장으로 구분되어 있습니다. 각 장은 소속된 국가체육회의 정보를 제시합니다. 국가별 인구수는 2019년 월드뱅크(World Bank) 통계를 기준으로 작성되었습니다.

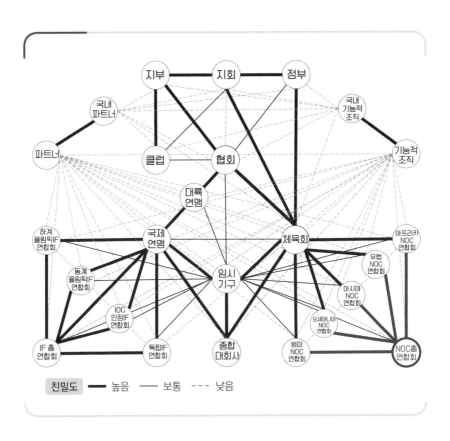

친밀도 ━━ 높음 ── 보통 --- 낮음

국가체육회총연합회(ANOC, Association of National Olympic Committees)

- 본부 소재지: 스위스 로잔
- 공식 언어: 영어, 프랑스어, 스페인어
- 설립연도: 1979년
- 회원국 수: 206개
- 홈페이지: www.anocolympic.org
- 이메일: info@anocolympic.org
- 전화번호: 0041 21 321 5260
- 팩스번호: 0041 21 321 5261
- 주소: Chemin des Charmettes 4, 1003 Lausanne, Switzerland

1장 범미체육회연합회(PANAM SPORTS)

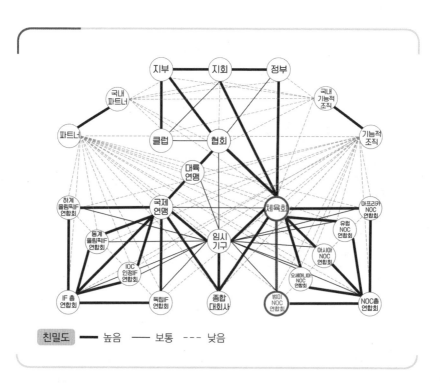

친밀도 ── 높음 ── 보통 --- 낮음

범미체육회연합회(Panam Sports)
- 본부 소재지: 멕시코 멕시코시티
- 공식 언어: 영어, 스페인어
- 설립연도: 1948년
- 회원국 수: 41개
- 홈페이지: www.panamsports.org
- 이메일: info@panamsports.org
- 전화번호: 0052 55 5705 4657
- 팩스번호: 0052 55 5705 2275
- 주소: Calle Gomez Farias No. 51, Colonia San Rafael, 06470 Mexico D.F., Mexico

1. 가이아나(GUYANA)

- 조직명(약어): Guyana Olympic Association (GUY)
- 설립연도: 1935년
- IOC 가맹연도: 1948년
- 홈페이지: -
- 이메일: guyolympic@gmail.com
- 전화번호: 00592 222 6023
- 팩스번호: 00592 222 6028
- 주소: P.O. Box 10133, Olympic House, Block XXX Plantation Lililendaal, Kingston, Georgetown, Guyana
- 국가 인구수: 782천 명

2. 과테말라(GUATEMALA)

- 조직명(약어): Comite Olimpico Guatemalteco (GUA)
- 설립연도: 1947년
- IOC 가맹연도: 1947년
- 홈페이지: www.cog.org.gt
- 이메일: congua@cog.org.gt
- 전화번호: 00502 2223 9500
- 팩스번호: 00502 2223 9510
- 주소: 10 Calle 10-28 Zona 9, 33102 Guatemala City, Guatemala
- 국가 인구수: 16,604천 명

3. 그레나다(GRENADA)

- 조직명(약어): Grenada Olympic Committee (GRN)
- 설립연도: 1984년
- IOC 가맹연도: 1984년
- 홈페이지: www.grenadaolympic.com
- 이메일: grnoc@spiceisle.com
- 전화번호: 001 473 435 3015
- 팩스번호: 001 473 440 9717
- 주소: Woolwich Road, P.O. Box 370, St George's, Grenada
- 국가 인구수: 112천 명

4. 니카라과(NICARAGUA)

- 조직명(약어): Comite Olimpico Nicaraguense (NCA)
- 설립연도: 1959년
- IOC 가맹연도: 1959년
- 홈페이지: -
- 이메일: ncacon@con.org.ni
- 전화번호: 00505 2250 3512
- 팩스번호: 00505 2250 3513
- 주소: Residencial Las Palmas, Iglesia Las Palmas, 80 Vrs. Al Este, 4981, Managua, Nicaragua
- 국가 인구수: 6,545천 명

5. 도미니크(DOMINIQUE)

- 조직명(약어): Dominica Olympic Committee (DMA)
- 설립연도: 1987년
- IOC 가맹연도: 1993년
- 홈페이지: www.doc.dm
- 이메일: doc@cwdom.dm
- 전화번호: 001 767 448 8367
- 팩스번호: 001 767 448 7010
- 주소: 40 Hillsborough Street, Roseau, Dominique
- 국가 인구수: 71천 명

6. 도미니카 공화국(DOMINICAN REPUBLIC)

- 조직명(약어): Comite Olimpico Dominicano (DOM)
- 설립연도: 1953년
- IOC 가맹연도: 1954년
- 홈페이지: www.colimdo.org
- 이메일: cod@colimdo.org
- 전화번호: 001 809 685 8187
- 팩스번호: 001 809 689 8223
- 주소: Apartado Postal 406, Avenue Pedro Henriquez Urena 107, Sector la Esperille, Santo Domingo, Dominican Republic
- 국가 인구수: 10,738천 명

7. 멕시코(MEXICO)

- 조직명(약어): Comite Olimpico Mexicano (MEX)
- 설립연도: 1923년
- IOC 가맹연도: 1923년
- 홈페이지: www.com.org.mx
- 이메일: secretaria.general@com.org.mx
- 전화번호: 0052 55 2122 0200
- 팩스번호: 0052 55 5580 0372
- 주소: Apartado Postal 36 024, Avenida del Conscripto Esq. Anillo, Periferico, Lomas de Sotelo, 11200 Ciudad de Mexico, Mexico
- 국가 인구수: 127,575천 명

8. 미국(UNITED STATES OF AMERICA)

- 조직명(약어): United States Olympic & Paralympic Committee (USA)
- 설립연도: 1894년
- IOC 가맹연도: 1894년
- 홈페이지: www.teamusa.org
- 이메일: international@usoc.org
- 전화번호: 001 719 632 5551
- 팩스번호: 001 719 866 4763
- 주소: 1 Olympic Plaza, Colorado Springs Co 80909, United States of America
- 국가 인구수: 328,239천 명

9. 미국령 버진아일랜드(VIRGIN ISLANDS, US)

- 조직명(약어): Virgin Islands Olympic Committee (ISV)
- 설립연도: 1967년
- IOC 가맹연도: 1967년
- 홈페이지: www.virginislandsolympics.org
- 이메일: noc@virginislandsolympics.org
- 전화번호: 001 340 719 8462
- 팩스번호: 001 340 778 0270
- 주소: P.O. Box 1719, Kingshill VI 00851, Virgin Islands, United States of America
- 국가 인구수: 106천 명

10. 바베이도스(BARBADOS)

- 조직명(약어): The Barbados Olympic Association Inc. (BAR)
- 설립연도: 1951년
- IOC 가맹연도: 1951년
- 홈페이지: www.olympic.org.bb
- 이메일: info@olympic.org.bb
- 전화번호: 001 246 429 1998
- 팩스번호: 001 246 426 1998
- 주소: Olympic Centre, Garfield Sobers Sports Complex, Wildey, St. Michael BB15094, Barbados
- 국가 인구수: 287천 명

11. 바하마(BAHAMAS)

- 조직명(약어): Bahamas Olympic Committee (BAH)
- 설립연도: 1952년
- IOC 가맹연도: 1952년
- 홈페이지: www.bahamasolympiccommittee.org
- 이메일: nocbah@coralwave.com
- 전화번호: 001 242 394 8143
- 팩스번호: 001 242 394 8708
- 주소: P.O. Box SS-6250, Unit 5 Quantum Plaza, Soldier Road, Nassau N.P., Bahamas
- 국가 인구수: 389천 명

12. 버뮤다(BERMUDA)

- 조직명(약어): Bermuda Olympic Association (BER)
- 설립연도: 1935년
- IOC 가맹연도: 1936년
- 홈페이지: www.olympics.bm
- 이메일: olympics@ibl.bm
- 전화번호: 001 441 295 7146
- 팩스번호: 001 441 295 8645
- 주소: Siege Social, 26 Bermudiana Road, International Centre, Suite 405, Hamilton HM 11, Bermudes
- 국가 인구수: 63천 명

COMITÉ OLÍMPICO
VENEZOLANO

13. 베네수엘라(VENEZUELA)

- 조직명(약어): Comite Olimpico Venezolano (VEN)
- 설립연도: 1935년
- IOC 가맹연도: 1935년
- 홈페이지: http://covoficial.com.ve
- 이메일: comiteolimpicovenezolano.cov@gmail.com
- 전화번호: 0058 212 461 8883
- 팩스번호: 0058 212 443 4856
- 주소: Urb. El Paraiso, Avenida Estadio, Edificio Comite Olimpico Venezolano, Caracas 1020, Venezuela
- 국가 인구수: 28,515천 명

14. 벨리즈(BELIZE)

- 조직명(약어): Belize Olympic and Commonwealth Games Association (BIZ)
- 설립연도: 1968년
- IOC 가맹연도: 1968년
- 홈페이지: -
- 이메일: bzeolympic@gmail.com
- 전화번호: 00501 227 7155
- 팩스번호: 00501 227 0521
- 주소: P.O. Box 384, 1 King Street, Belize City, Belize
- 국가 인구수: 390천 명

15. 볼리비아(BOLIVIA)

- 조직명(약어): Comite Olimpico Boliviano (BOL)
- 설립연도: 1932년
- IOC 가맹연도: 1936년
- 홈페이지: www.cobol.org.bo
- 이메일: con-bolivia@entelnet.bo
- 전화번호: 00591 2 231 2835
- 팩스번호: 00591 2 231 2818
- 주소: Casilla Postal 4481, Calle Mexico No. 1744, La Paz, Bolivia
- 국가 인구수: 11,513천 명

16. 브라질(BRAZIL)

- 조직명(약어): Comite Olimpico Do Brasil (BRA)
- 설립연도: 1914년
- IOC 가맹연도: 1935년
- 홈페이지: www.cob.org.br
- 이메일: cob@cob.org.br
- 전화번호: 0055 21 3433 5777
- 팩스번호: 0055 21 2494 2090
- 주소: Avenida Das Americas, 899 Barra Da Tijuca, Rio de Janeiro RJ, 22631-910, Brazil
- 국가 인구수: 211,049천 명

17. 세인트 루시아(SAINT LUCIA)

- 조직명(약어): Saint Lucia Olympic Committee (LCA)
- 설립연도: 1987년
- IOC 가맹연도: 1993년
- 홈페이지: www.slunoc.org
- 이메일: sloc@candw.lc
- 전화번호: 001 758 453 6758
- 팩스번호: 001 758 452 1272
- 주소: P.O. Box CP 6023, Barnard Hill, Castries, Saint Lucia
- 국가 인구수: 182천 명

18. 세인트 빈센트 그레나딘(SAINT VINCENT AND THE GRENADINES)

- 조직명(약어): The Saint Vincent and the Grenadines National Olympic Committee (VIN)
- 설립연도: 1982년
- IOC 가맹연도: 1987년
- 홈페이지: www.svgnoc.org
- 이메일: admin.sec@svgnoc.org
- 전화번호: 001 784 457 2970
- 팩스번호: 001 784 485 6412
- 주소: P.O. Box 1644, Olympic House, No. 1 Kingstown Park, VC Kingstown, St. Vincent and the Grenadines
- 국가 인구수: 110천 명

19. 세인트 키츠네비스(SAINT KITTS AND NEVIS)

- 조직명(약어): St. Kitts and Nevis Olympic Committee (SKN)
- 설립연도: 1986년
- IOC 가맹연도: 1993년
- 홈페이지: www.sknoc.org
- 이메일: sknoc@sisterisles.kn
- 전화번호: 001 869 465 6601
- 팩스번호: 001 869 465 8321
- 주소: P.O. Box 953, Olympic House, No. 18 Taylors Range, Basseterre, Saint Kitts and Nevis
- 국가 인구수: 52천 명

20. 수리남(SURINAME)

- 조직명(약어): Surinaams Olympisch Comite (SUR)
- 설립연도: 1959년
- IOC 가맹연도: 1959년
- 홈페이지: -
- 이메일: suriname.noc@gmail.com
- 전화번호: 00597 474 824
- 팩스번호: 00597 425 484
- 주소: P.O. Box 3043, Letitia Vriesdelaan, Olympic Center, Paramaribo, Suriname
- 국가 인구수: 581천 명

21. 아루바(ARUBA)

- 조직명(약어): Comite Olimpico Arubano (ARU)
- 설립연도: 1985년
- IOC 가맹연도: 1986년
- 홈페이지: www.olympicaruba.com
- 이메일: info@olympicaruba.com
- 전화번호: 00297 5 82 0031
- 팩스번호: 00297 5 82 0801
- 주소: Vondellaan 27, Oranjestad, Aruba
- 국가 인구수: 106천 명

22. 아르헨티나(ARGENTINA)

- 조직명(약어): Comite Olimpico Argentino (ARG)
- 설립연도: 1923년
- IOC 가맹연도: 1923년
- 홈페이지: www.coarg.org.ar
- 이메일: coarg@coarg.org.ar
- 전화번호: 0054 11 4819 1700
- 팩스번호: 0054 11 4819 1703
- 주소: Juncal No. 1662, C1062ABV Buenos Aires, Argentina
- 국가 인구수: 44,938천 명

23. 아이티(HAITI)

- 조직명(약어): Comite Olympique Haitien (HAI)
- 설립연도: 1914년
- IOC 가맹연도: 1924년
- 홈페이지: –
- 이메일: comiteolympiquehaitien@gmail.com
- 전화번호: 00509 2942 1437
- 팩스번호: –
- 주소: No. 48, Rue Clerveaux, Petion-Ville, Haiti
- 국가 인구수: 11,263천 명

24. 앤티가 바부다(ANTIGUA AND BARBUDA)

- 조직명(약어): The Antigua and Barbuda Olympic Association (ANT)
- 설립연도: 1966년
- IOC 가맹연도: 1976년
- 홈페이지: http://antiguaolympiccommittee.com
- 이메일: antiguabarbudanoc@gmail.com
- 전화번호: 001 268 462 3476
- 팩스번호: 001 268 462 4811
- 주소: P.O. Box 3115, Redcliffe Street, St John's, Antigua and Barbuda
- 국가 인구수: 97천 명

25. 에콰도르(ECUADOR)

- 조직명(약어): Comite Olimpico Ecuatoriano (ECU)
- 설립연도: 1948년
- IOC 가맹연도: 1959년
- 홈페이지: www.coe.org.ec
- 이메일: presidencia@coe.org.ec
- 전화번호: 00593 4 228 9894
- 팩스번호: 00593 4 229 5295
- 주소: Explanada del Estadio Modelo, Avenida de las Americas, Casilla 09-01-10619, Guayaquil, Ecuador
- 국가 인구수: 17,373천 명

26. 엘살바도르(EL SALVADOR)

- 조직명(약어): Comite Olimpico de El Salvador (ESA)
- 설립연도: 1925년
- IOC 가맹연도: 1938년
- 홈페이지: www.teamesa.org
- 이메일: coes@teamesa.org
- 전화번호: 00503 2264 9945
- 팩스번호: 00503 2298 3007
- 주소: 87 Avenida Norte y Calle El Mirador, Edificio Torre Futura Nivel 12, Local 1, San Salvador, El Salvador
- 국가 인구수: 6,453천 명

27. 영국령 버진아일랜드(VIRGIN ISLANDS, BRITISH)

- 조직명(약어): British Virgin Islands Olympic Committee (IVB)
- 설립연도: 1980년
- IOC 가맹연도: 1982년
- 홈페이지: www.bviolympics.org
- 이메일: info@bviolympics.org
- 전화번호: 001 284 494 6920
- 팩스번호: 001 284 494 5382
- 주소: P.O. Box 209, 9, J.R.O Neal Plaza Business, Road Town, Tortola, Virgin Islands, British
- 국가 인구수: 30천 명

28. 온두라스(HONDURAS)

- 조직명(약어): Comite Olimpico Hondureno (HON)
- 설립연도: 1956년
- IOC 가맹연도: 1956년
- 홈페이지: http://cohonduras.com
- 이메일: coh@cablecolor.hn
- 전화번호: 00504 235 7400
- 팩스번호: 00504 239 3928
- 주소: Complejo Deportivo J. Simon Azcona, Casa Olimpica 'Julio C. Villalta', Apartado Postal 3143, Tegucigalpa M.D.C, Honduras
- 국가 인구수: 9,746천 명

29. 우루과이(URUGUAY)

- 조직명(약어): Comite Olimpico Uruguayo (URU)
- 설립연도: 1923년
- IOC 가맹연도: 1923년
- 홈페이지: www.cou.org.uy
- 이메일: cou@cou.org.uy
- 전화번호: 00598 2 902 0781
- 팩스번호: 00598 2 902 6155
- 주소: Casilla Postal 161, Calle Canelones 1044, Montevideo, 11100, Uruguay
- 국가 인구수: 3,461천 명

30. 자메이카(JAMAICA)

- 조직명(약어): Jamaica Olympic Association (JAM)
- 설립연도: 1936년
- IOC 가맹연도: 1936년
- 홈페이지: https://joa.org.jm
- 이메일: nocjam@cwjamaica.com
- 전화번호: 001 876 927 3017
- 팩스번호: 001 876 946 0588
- 주소: 9 Cunningham Avenue, Kingston 6, Jamaica
- 국가 인구수: 2,948천 명

31. 칠레(CHILE)

- 조직명(약어): Comite Olimpico de Chile (CHI)
- 설립연도: 1934년
- IOC 가맹연도: 1934년
- 홈페이지: www.coch.cl
- 이메일: ichea@coch.cl
- 전화번호: 0056 2 270 3600
- 팩스번호: 0056 2 270 3636
- 주소: Avenida Ramon Cruz N° 1176, Comuna de Nunoa, 7750000 Santiago, Chile
- 국가 인구수: 18,952천 명

32. 캐나다(CANADA)

- 조직명(약어): Canadian Olympic Committee (CAN)
- 설립연도: 1904년
- IOC 가맹연도: 1907년
- 홈페이지: www.olympic.ca
- 이메일: webmaster@olympic.ca
- 전화번호: 001 416 962 0262
- 팩스번호: 001 416 967 4902
- 주소: 250 Yonge Street, Suite 3000, P.O. Box 19, Toronto On M5B 2L7, Canada
- 국가 인구수: 37,589천 명

33. 케이맨 제도(CAYMAN ISLANDS)

- 조직명(약어): Cayman Islands Olympic Committee (CAY)
- 설립연도: 1973년
- IOC 가맹연도: 1976년
- 홈페이지: www.caymanolympic.org.ky
- 이메일: noc@caymanolympic.org.ky
- 전화번호: 001 345 946 6984
- 팩스번호: 001 345 949 9617
- 주소: P.O. Box 1786, Grand Cayman KY1-1109, Cayman Islands
- 국가 인구수: 64천 명

34. 코스타리카(COSTA RICA)

- 조직명(약어): Comite Olimpico Nacional de Costa Rica (CRC)
- 설립연도: 1936년
- IOC 가맹연도: 1936년
- 홈페이지: www.concrc.org
- 이메일: info@olimpicocrc.org
- 전화번호: 00506 2229 3942
- 팩스번호: 00506 2292 6847
- 주소: P.O. Box 81-2200, Coronado, 1000 San Jose, Costa Rica
- 국가 인구수: 5,047천 명

35. 콜롬비아(COLOMBIA)

- 조직명(약어): Comite Olimpico Colombiano (COL)
- 설립연도: 1936년
- IOC 가맹연도: 1948년
- 홈페이지: www.coc.org.co
- 이메일: coc@coc.org.co
- 전화번호: 0057 1 630 0093
- 팩스번호: 0057 1 231 4183
- 주소: Avenida 68 N° 55-65, Apartado Aereo 5093, Bogota, D.C., Colombia
- 국가 인구수: 50,339천 명

36. 쿠바(CUBA)

- 조직명(약어): Comite Olimpico Cubano (CUB)
- 설립연도: 1926년
- IOC 가맹연도: 1955년
- 홈페이지: -
- 이메일: cocuba@enet.cu
- 전화번호: 0053 7 832 8441
- 팩스번호: 0053 7 834 3459
- 주소: Zona Postal 4, Calle 13 No 601, Esq. C Vedado, CP 10400 La Habana, Cuba
- 국가 인구수: 11,333천 명

37. 트리니다드토바고(TRINIDAD AND TOBAGO)

- 조직명(약어): Trinidad and Tobago Olympic Committee (TTO)
- 설립연도: 1946년
- IOC 가맹연도: 1947년
- 홈페이지: www.ttoc.org
- 이메일: contact@ttoc.org
- 전화번호: 001 868 625 1285
- 팩스번호: 001 868 625 3049
- 주소: P.O. Box 529, 121 Abercromby Street, Port of Spain, Trinidad and Tobago
- 국가 인구수: 1,394천 명

38. 파나마(PANAMA)

- 조직명(약어): Comite Olimpico de Panama (PAN)
- 설립연도: 1934년
- IOC 가맹연도: 1947년
- 홈페이지: www.copanama.com
- 이메일: info@copanama.com
- 전화번호: 00507 393 1226
- 팩스번호: 00507 224 8049
- 주소: Calle Diana Moran 2060, Residencial Llanos de Curundu, Corregimiento de Ancon, Ciudad de Panama, Panama
- 국가 인구수: 4,246천 명

39. 파라과이(PARAGUAY)

- 조직명(약어): Comite Olimpico Paraguayo (PAR)
- 설립연도: 1970년
- IOC 가맹연도: 1970년
- 홈페이지: www.cop.org.py
- 이메일: secretaria@cop.org.py
- 전화번호: 00595 21 649 650
- 팩스번호: 00595 21 649 650
- 주소: Casilla Postal 1420, Medallistas Olimpicos 1, Asuncion, Paraguay
- 국가 인구수: 7,044천 명

40. 페루(PERU)

- 조직명(약어): Comite Olimpico Peruano (PER)
- 설립연도: 1924년
- IOC 가맹연도: 1936년
- 홈페이지: www.coperu.org
- 이메일: cop_secretaria@coperu.org
- 전화번호: 0051 1 323 9200
- 팩스번호: 0051 1 471 7842
- 주소: Albergue Olimpico - (La Videna), Del Aire Avenue, Block 9, S/N, Door 3, San Luis, Lima 30, Peru
- 국가 인구수: 32,510천 명

41. 푸에르토리코(PUERTO RICO)

- 조직명(약어): Comite Olimpico de Puerto Rico (PUR)
- 설립연도: 1948년
- IOC 가맹연도: 1948년
- 홈페이지: www.copur.pr
- 이메일: info@copur.pr
- 전화번호: 001 787 723 3890
- 팩스번호: 001 787 721 6805
- 주소: Casa Olimpica, Apartado 9020008, San Juan 00902-0008, Puerto Rico
- 국가 인구수: 3,193천 명

오세아니아체육회연합회(ONOC)

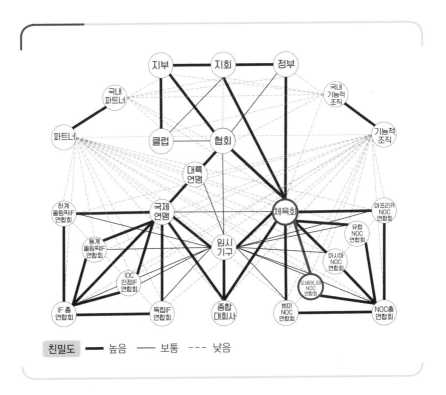

친밀도 ━━ 높음 ── 보통 --- 낮음

오세아니아체육회연합회(ONOC, Oceania National Olympic Committees)

- 본부 소재지: 괌 하갓냐
- 공식 언어: 영어
- 설립연도: 1981년
- 회원국 수: 17개
- 홈페이지: www.oceanianoc.org
- 이메일: onoc@oceanianoc.org
- 전화번호: 00671 649 6662
- 팩스번호: 00671 646 6662
- 주소: 715 Route 8, Hagatna, 96910, Guam

42. 괌(GUAM)

- 조직명(약어): Guam National Olympic Committee (GUM)
- 설립연도: 1976년
- IOC 가맹연도: 1986년
- 홈페이지: www.oceaniasport.com/guam
- 이메일: gnoc@teleguam.net
- 전화번호: 001 671 647 4662
- 팩스번호: 001 671 646 4233
- 주소: 715 Route 8, Maite 96915, Guam
- 국가 인구수: 167천 명

43. 나우루(NAURU)

- 조직명(약어): Nauru Olympic Committee (NRU)
- 설립연도: 1991년
- IOC 가맹연도: 1994년
- 홈페이지: www.oceaniasport.com/nauru
- 이메일: naurunoc@gmail.com
- 전화번호: 00674 553 3333
- 팩스번호: −
- 주소: P.O. Box 7, Civic Centre, Aiwo District, Nauru
- 국가 인구수: 12천 명

44. 뉴질랜드(NEW ZEALAND)

- 조직명(약어): New Zealand Olympic Committee Inc. (NZL)
- 설립연도: 1911년
- IOC 가맹연도: 1919년
- 홈페이지: www.olympic.org.nz
- 이메일: office@olympic.org.nz
- 전화번호: 0064 9 375 0040
- 팩스번호: 0064 9 375 1510
- 주소: P.O. Box 37774, Parnell, Auckland 1151, New Zealand
- 국가 인구수: 4,917천 명

45. 마셜 제도(MARSHALL ISLANDS)

- 조직명(약어): Marshall Islands National Olympic Committee (MHL)
- 설립연도: 2001년
- IOC 가맹연도: 2006년
- 홈페이지: www.oceaniasport.com/marshalls
- 이메일: minocsecgen@gmail.com
- 전화번호: 00692 625 7869
- 팩스번호: 00692 625 3348
- 주소: P.O. Box 3002, Majuro MH 96960, Marshall Islands
- 국가 인구수: 58천 명

46. 미국령 사모아(AMERICAN SAMOA)

- 조직명(약어): American Samoa National Olympic Committee (ASA)
- 설립연도: 1985년
- IOC 가맹연도: 1987년
- 홈페이지: www.oceaniasport.com/amsam
- 이메일: asnoc@asnoc.org
- 전화번호: 00684 699 8356
- 팩스번호: 00684 699 8331
- 주소: P.O. Box 5380, Pago Pago 96799, American Samoa
- 국가 인구수: 55천 명

47. 미크로네시아연방 공화국(FEDERATED STATES OF MICRONESIA)

- 조직명(약어): Federated States of Micronesia National Olympic Committee (FSM)
- 설립연도: 1995년
- IOC 가맹연도: 1997년
- 홈페이지: www.oceaniasport.com/fsm
- 이메일: fsmnoc@mail.fm
- 전화번호: 00691 320 8914
- 팩스번호: 00691 320 8915
- 주소: P.O. Box PS 319, Palikir, 96941 Pohnpei FM, Federated States of Micronesia
- 국가 인구수: 113천 명

48. 바누아투(VANUATU)

- 조직명(약어): Vanuatu Association of Sports and National Olympic Committee (VAN)
- 설립연도: 1987년
- IOC 가맹연도: 1987년
- 홈페이지: www.oceaniasport.com/vanuatu
- 이메일: vasanoc@vanuatu.com.vu
- 전화번호: 00678 23 230
- 팩스번호: 00678 27 314
- 주소: P.O. Box 284, Port Vila, Vanuatu
- 국가 인구수: 299천 명

49. 사모아(SAMOA)

- 조직명(약어): Samoa Association of Sports and National Olympic Committee Inc. (SAM)
- 설립연도: 1983년
- IOC 가맹연도: 1983년
- 홈페이지: www.sasnoc.org
- 이메일: sasnocceo@sasnoc.org
- 전화번호: 00685 25 033
- 팩스번호: 00685 26 701
- 주소: P.O. Box 1301, Apia, Samoa
- 국가 인구수: 197천 명

50. 솔로몬 제도(SOLOMON ISLANDS)

- 조직명(약어): National Olympic Committee of Solomon Islands (SOL)
- 설립연도: 1983년
- IOC 가맹연도: 1983년
- 홈페이지: www.oceaniasport.com/solomon
- 이메일: nocsi@solomon.com.sb
- 전화번호: 00677 24 116
- 팩스번호: 00677 24 116
- 주소: City Center Building 2F, Mendana Avenue, P.O. Box 532, Honiara, Solomon Islands
- 국가 인구수: 669천 명

COOK ISLANDS

51. 쿡 제도(COOK ISLANDS)

- 조직명(약어): Cook Islands Sports and National Olympic Committee (COK)
- 설립연도: 1986년
- IOC 가맹연도: 1986년
- 홈페이지: www.oceaniasport.com/cookis
- 이메일: president@cisnoc.org.ck
- 전화번호: 00682 24 095
- 팩스번호: 00682 22 095
- 주소: P.O. Box 569, Nikao, Rarotonga, Cook Islands
- 국가 인구수: 17천 명

52. 키리바시(KIRIBATI)

- 조직명(약어): Kiribati National Olympic Committee (KIR)
- 설립연도: 2002년
- IOC 가맹연도: 2003년
- 홈페이지: www.oceaniasport.com/kiribati
- 이메일: info@knoc.org.ki
- 전화번호: 00686 750 222 03
- 팩스번호: 00686 253 53
- 주소: Olympic House, Bairiki Sports Field, Bairiki, Tarawa, Kiribati
- 국가 인구수: 117천 명

53. 통가(TONGA)

- 조직명(약어): Tonga Sports Association and National Olympic Committee (TGA)
- 설립연도: 1963년
- IOC 가맹연도: 1984년
- 홈페이지: www.oceaniasport.com/tonga
- 이메일: tasanoc.sg@gmail.com
- 전화번호: 00676 21 041
- 팩스번호: 00676 24 127
- 주소: P.O. Box 1278, Vaha'akolo Road, Haveluloto, Nuku'alofa, Tonga
- 국가 인구수: 104천 명

54. 투발루(TUVALU)

- 조직명(약어): Tuvalu Association of Sports and National Olympic Committee (TUV)
- 설립연도: 2004년
- IOC 가맹연도: 2007년
- 홈페이지: www.oceaniasport.com/tuvalu
- 이메일: eluina@gmail.com
- 전화번호: 00688 20 224
- 팩스번호: −
- 주소: Private Mail Bag, Funafuti, Tuvalu
- 국가 인구수: 11천 명

55. 파푸아뉴기니(PAPUA NEW GUINEA)

- 조직명(약어): Papua New Guinea Olympic Committee Inc. (PNG)
- 설립연도: 1973년
- IOC 가맹연도: 1974년
- 홈페이지: www.pngolympic.org
- 이메일: pngolympic@pngoc.org.pg
- 전화번호: 00675 7100 1062
- 팩스번호: 00675 325 1851
- 주소: Allotment 21, Section 25, Lahara Avenue, Boroko, Papua New Guinea
- 국가 인구수: 8,776천 명

56. 팔라우(PALAU)

- 조직명(약어): Palau National Olympic Committee (PLW)
- 설립연도: 1997년
- IOC 가맹연도: 1999년
- 홈페이지: www.palaunoc.sportingpulse.net
- 이메일: pnoc@palaunet.com
- 전화번호: 00680 488 6562
- 팩스번호: 00680 488 6563
- 주소: P.O. Box 155, 96940 Koror, Palau
- 국가 인구수: 18천 명

57. 피지(FIJI)

- 조직명(약어): Fiji Association of Sports and National Olympic Committee (FIJ)
- 설립연도: 1949년
- IOC 가맹연도: 1955년
- 홈페이지: www.fijiolympiccommittee.com
- 이메일: fasanoc@fasanoc.org.fj
- 전화번호: 00679 330 3525
- 팩스번호: 00679 330 1647
- 주소: P.O. Box 1279, Bau Street 17, Suva, Fiji
- 국가 인구수: 889천 명

58. 호주(AUSTRALIA)

- 조직명(약어): Australian Olympic Committee Inc. (AUS)
- 설립연도: 1895년
- IOC 가맹연도: 1895년
- 홈페이지: www.olympics.com.au
- 이메일: aoc@olympics.com.au
- 전화번호: 0061 2 9247 2000
- 팩스번호: 0061 2 8436 2198
- 주소: Level 4, 140 George Street, Museum of Contemporary Art, Sydney NSW 2000, Australia
- 국가 인구수: 25,364천 명

3장 아시아올림픽평의회(OCA)

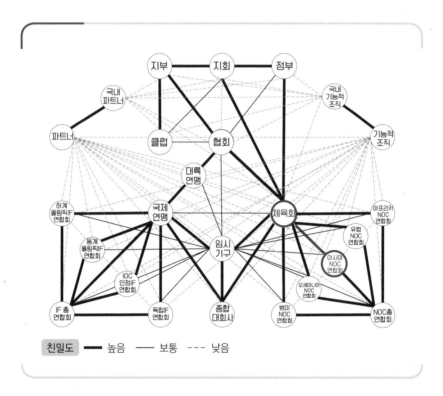

친밀도 ━━ 높음 ── 보통 --- 낮음

OLYMPIC COUNCIL OF ASIA

아시아올림픽평의회(OCA, Olympic Council of Asia)

- 본부 소재지: 쿠웨이트 하왈리
- 공식 언어: 영어
- 설립연도: 1982년
- 회원국 수: 44개
- 홈페이지: www.ocasia.org
- 이메일: info@ocasia.org
- 전화번호: 00965 2 571 7196
- 팩스번호: 00965 2 573 4973
- 주소: P.O. Box 6706, 32042 Hawalli, Kuwait

59. 네팔(NEPAL)

- 조직명(약어): Nepal Olympic Committee (NEP)
- 설립연도: 1962년
- IOC 가맹연도: 1963년
- 홈페이지: www.nocnepal.org.np
- 이메일: info@nocnepal.org.np
- 전화번호: 00977 1 520 2667
- 팩스번호: 00977 1 520 2668
- 주소: P.O. Box 11455, Satdobato, Lalitpur, Nepal
- 국가 인구수: 28,608천 명

60. 대만(CHINESE TAIPEI)

- 조직명(약어): Chinese Taipei Olympic Committee (TPE)
- 설립연도: 1960년
- IOC 가맹연도: 1960년
- 홈페이지: www.tpenoc.net
- 이메일: international@tpe-olympic.org.tw
- 전화번호: 00886 2 2752 1442
- 팩스번호: 00886 2 2777 3803
- 주소: Chu-lun Street 20, 104 Taipei, Chinese Taipei
- 국가 인구수: 23,816천 명

61. 대한민국(REPUBLIC OF KOREA)

- 조직명(약어): Korean Sport & Olympic Committee (KOR)
- 설립연도: 1920년
- IOC 가맹연도: 1947년
- 홈페이지: www.sports.or.kr/eng
- 이메일: koc@sports.or.kr
- 전화번호: 0082 2 420 4214
- 팩스번호: 0082 2 420 4602
- 주소: 서울 송파구 올림픽로 424 올림픽문화(올림픽컨벤션) 센터
- 국가 인구수: 51,709천 명

62. 동티모르(TIMOR-LESTE)

- 조직명(약어): Comite Olimpico Nacional de Timor-Leste (TLS)
- 설립연도: 2003년
- IOC 가맹연도: 2003년
- 홈페이지: -
- 이메일: tl_con@yahoo.com
- 전화번호: -
- 팩스번호: -
- 주소: P.O. Box 137, Avenida de Lisboa, Dili, Democratic Republic of Timor-Leste
- 국가 인구수: 1,293천 명

63. 라오스(LAO PEOPLE'S DEMOCRATIC REP.)

- 조직명(약어): National Olympic Committee of Lao (LAO)
- 설립연도: 1975년
- IOC 가맹연도: 1979년
- 홈페이지: www.olympiclao.org
- 이메일: noclao@laotel.la
- 전화번호: 00856 21 255 163
- 팩스번호: 00856 21 261 755
- 주소: Chao Anouvong Stadium, Khounbourom Road, Vientiane, Lao People's Democratic Republic
- 국가 인구수: 7,169천 명

64. 레바논(LEBANON)

- 조직명(약어): Lebanese Olympic Committee (LBN)
- 설립연도: 1947년
- IOC 가맹연도: 1948년
- 홈페이지: www.lebolymp.org
- 이메일: loc@lebolymp.org
- 전화번호: 00961 5 95 0687
- 팩스번호: 00961 5 45 7315
- 주소: P.O. Box 23, Saint Charles Hospital Street, Tony Khoury's Building, 1st Floor, Rihanieh Baabda, Lebanon
- 국가 인구수: 6,855천 명

65. 말레이시아(MALAYSIA)

- 조직명(약어): Olympic Council of Malaysia (MAS)
- 설립연도: 1953년
- IOC 가맹연도: 1954년
- 홈페이지: www.olympic.org.my
- 이메일: nocmas@olympic.org.my
- 전화번호: 0060 3 2078 7648
- 팩스번호: 0060 3 2715 2801
- 주소: Mezzanine Floor, Wisma OCM, Hang Jebat Road, 50150 Kuala Lumpur, Malaysia
- 국가 인구수: 31,949천 명

66. 몰디브(MALDIVES)

- 조직명(약어): Maldives Olympic Committee (MDV)
- 설립연도: 1979년
- IOC 가맹연도: 1985년
- 홈페이지: www.nocmaldives.org
- 이메일: marzooq@nocmaldives.org
- 전화번호: 00960 334 6640
- 팩스번호: 00960 334 6641
- 주소: 2nd Floor, Youth And Sports Development Centre, Abadah Ufaa Magu, Male 2005, Maldives
- 국가 인구수: 530천 명

67. 몽골(MONGOLIA)

- 조직명(약어): Mongolian National Olympic Committee (MGL)
- 설립연도: 1956년
- IOC 가맹연도: 1962년
- 홈페이지: www.olympic.mn
- 이메일: noc@olympic.mn
- 전화번호: 00976 11 34 52 85
- 팩스번호: 00976 11 34 35 41
- 주소: Olympic House, Chinggis Avenue, Ulaanbaatar, 14210, Mongolia
- 국가 인구수: 3,225천 명

68. 미얀마(MYANMAR)

- 조직명(약어): Myanmar Olympic Committee (MYA)
- 설립연도: 1947년
- IOC 가맹연도: 1947년
- 홈페이지: www.myasoc.org
- 이메일: nocmya@gmail.com
- 전화번호: 0095 67 413 848
- 팩스번호: 0095 1 571 061
- 주소: D15 & 16, Wunna Theikdi Football Stadium, Nay Pyi Taw, Myanmar
- 국가 인구수: 54,045천 명

69. 바레인(BAHRAIN)

- 조직명(약어): Bahrain Olympic Committee (BRN)
- 설립연도: 1978년
- IOC 가맹연도: 1979년
- 홈페이지: www.boc.bh
- 이메일: info@boc.bh
- 전화번호: 00973 1717 6666
- 팩스번호: 00973 1717 6634
- 주소: P.O. Box 26406, Manama, Bahrain
- 국가 인구수: 1,641천 명

70. 방글라데시(BANGLADESH)

- 조직명(약어): Bangladesh Olympic Association (BAN)
- 설립연도: 1979년
- IOC 가맹연도: 1980년
- 홈페이지: www.nocban.org
- 이메일: nocban@gmail.com
- 전화번호: 00880 2 956 0369
- 팩스번호: 00880 2 956 3304
- 주소: Bhaban, Rajuk Avenue, Outer Stadium, Purana Paltan, Dhaka 1000, Bangladesh
- 국가 인구수: 163,046천 명

71. 베트남(VIETNAM)

- 조직명(약어): Vietnam Olympic Committee (VIE)
- 설립연도: 1976년
- IOC 가맹연도: 1979년
- 홈페이지: www.voc.org.vn
- 이메일: olympic@vnn.vn
- 전화번호: 0084 4 3845 7420
- 팩스번호: 0084 4 3843 6008
- 주소: Tran Phu Street 36, Badinh District, Hanoi, Vietnam
- 국가 인구수: 96,462천 명

72. 부탄(BHUTAN)

- 조직명(약어): Bhutan Olympic Committee (BHU)
- 설립연도: 1983년
- IOC 가맹연도: 1983년
- 홈페이지: http://bhutanolympiccommittee.org
- 이메일: bhutannoc@gmail.com
- 전화번호: 00975 2 322 138
- 팩스번호: 00975 2 323 937
- 주소: P.O. Box 939, Changlingmethang Stadium, Thimphu, Bhutan
- 국가 인구수: 763천 명

73. 북한(DEMOCRATIC PEOPLE'S REP. OF KOREA)

- 조직명(약어): Olympic Committee of The Democratic People's Republic of Korea (PRK)
- 설립연도: 1953년
- IOC 가맹연도: 1957년
- 홈페이지: -
- 이메일: prk@star-co.net.kp
- 전화번호: 00850 2 18 111 999
- 팩스번호: 00850 2 38 144 03
- 주소: P.O. Box 56, Kumsong-Dong 2 Kwangbok Street, Mangyongdae District, Pyongyang, DPRK
- 국가 인구수: 25,666천 명

74. 브루나이(BRUNEI DARUSSALAM)

- 조직명(약어): Brunei Darussalam National Olympic Council (BRU)
- 설립연도: 1984년
- IOC 가맹연도: 1984년
- 홈페이지: www.bruneiolympic.org
- 이메일: bdnoc@brunet.bn
- 전화번호: 00673 2 380 039
- 팩스번호: 00673 2 382 451
- 주소: P.O. Box 2008, Bandar Seri Begawan BS8674, Brunei Darussalam
- 국가 인구수: 433천 명

75. 사우디아라비아(SAUDI ARABIA)

- 조직명(약어): Saudi Arabian Olympic Committee (KSA)
- 설립연도: 1964년
- IOC 가맹연도: 1965년
- 홈페이지: http://olympic.sa
- 이메일: saoc@olympic.sa
- 전화번호: 00966 11 482 1832
- 팩스번호: 00966 11 482 1951
- 주소: P.O. Box 6040, Prince Faisal Fahd Olympic Complex, Riyadh 11442, Saudi Arabia
- 국가 인구수: 34,268천 명

76. 스리랑카(SRI LANKA)

- 조직명(약어): National Olympic Committee of Sri Lanka (SRI)
- 설립연도: 1937년
- IOC 가맹연도: 1937년
- 홈페이지: www.olympic.lk
- 이메일: natolcom@slt.lk
- 전화번호: 0094 11 268 4420
- 팩스번호: 0094 11 268 4429
- 주소: No. 100/9 F, Independence Avenue, Colombo 7, Sri Lanka
- 국가 인구수: 21,803천 명

77. 시리아(SYRIAN ARAB REPUBLIC)

- 조직명(약어): Syrian Olympic Committee (SYR)
- 설립연도: 1947년
- IOC 가맹연도: 1948년
- 홈페이지: www.syriaolymp.org
- 이메일: syriaolymp@yahoo.com
- 전화번호: 00963 11 213 1095
- 팩스번호: 00963 11 214 0045
- 주소: Tishreen Sports Complex – Baramkeh, P.O. Box 3375, Damascus, Syrian Arab Republic
- 국가 인구수: 17,070천 명

SINGAPORE

78. 싱가포르(SINGAPORE)

- 조직명(약어): Singapore National Olympic Council (SGP)
- 설립연도: 1947년
- IOC 가맹연도: 1948년
- 홈페이지: www.singaporeolympics.com
- 이메일: admin@snoc.org.sg
- 전화번호: 0065 6345 9273
- 팩스번호: 0065 6345 9274
- 주소: 3 Stadium Drive, 01-02, Singapore 397630, Singapore
- 국가 인구수: 5,703천 명

UAE

79. 아랍에미리트(UNITED ARAB EMIRATES)

- 조직명(약어): United Arab Emirates National Olympic Committee (UAE)
- 설립연도: 1979년
- IOC 가맹연도: 1980년
- 홈페이지: www.olympic.ae
- 이메일: info@olympic.ae
- 전화번호: 00971 4236 9999
- 팩스번호: 00971 4236 9996
- 주소: 701, Business Village, Block B, P.O. Box 4350, Dubai, United Arab Emirates
- 국가 인구수: 9,770천 명

AFGHANISTAN

80. 아프가니스탄(AFGHANISTAN)

- 조직명(약어): National Olympic Committee of the Islamic Republic of Afghanistan (AFG)
- 설립연도: 1935년
- IOC 가맹연도: 1936년
- 홈페이지: www.olympic.af
- 이메일: info@olympic.af
- 전화번호: 0093 70 710 2020
- 팩스번호: 0093 79 931 3330
- 주소: P.O. Box 5790, Kabul Central Post Office, Kabul, Afghanistan
- 국가 인구수: 38,041천 명

81. 예멘(YEMEN)

- 조직명(약어): Yemen Olympic Committee (YEM)
- 설립연도: 1971년
- IOC 가맹연도: 1981년
- 홈페이지: www.yemnoc.org
- 이메일: noc.yemen@yahoo.com
- 전화번호: 00967 1 325 010
- 팩스번호: 00967 1 332 205
- 주소: Althawrah Sports City Complex, P.O. Box 2701, Sana'a, Yemen
- 국가 인구수: 29,161천 명

82. 오만(OMAN)

- 조직명(약어): Oman Olympic Committee (OMA)
- 설립연도: 1982년
- IOC 가맹연도: 1982년
- 홈페이지: www.ooc.om
- 이메일: omannoc@omantel.net.om
- 전화번호: 00968 2205 8412
- 팩스번호: 00968 2461 3067
- 주소: P.O. Box 2842, 112, Ruwi, Oman
- 국가 인구수: 4,974천 명

83. 요르단(JORDAN)

- 조직명(약어): Jordan Olympic Committee (JOR)
- 설립연도: 1957년
- IOC 가맹연도: 1963년
- 홈페이지: www.joc.jo
- 이메일: info@joc.jo
- 전화번호: 00962 6 569 2287
- 팩스번호: 00962 6 567 5781
- 주소: P.O. Box 19258, Amman 11196, Jordan
- 국가 인구수: 10,101천 명

84. 우즈베키스탄(UZBEKISTAN)

- 조직명(약어): National Olympic Committee of the Republic of Uzbekistan (UZB)
- 설립연도: 1992년
- IOC 가맹연도: 1993년
- 홈페이지: www.olympic.uz
- 이메일: ir@olympic.uz
- 전화번호: 00998 71 244 4141
- 팩스번호: 00998 71 244 7329
- 주소: 6, Almazar Street, 100027 Tashkent, Uzbekistan
- 국가 인구수: 33,580천 명

85. 이라크(IRAQ)

- 조직명(약어): National Olympic Committee of Iraq (IRQ)
- 설립연도: 1948년
- IOC 가맹연도: 1948년
- 홈페이지: www.nociraq.iq
- 이메일: n.o.c.iraq1@gmail.com
- 전화번호: 00964 790 335 2127
- 팩스번호: 00964 1 776 3896
- 주소: Al-Jadryah District, Near Baghdad University, P.O. Box 441, Baghdad, Iraq
- 국가 인구수: 39,309천 명

86. 이란(ISLAMIC REPUBLIC OF IRAN)

- 조직명(약어): National Olympic Committee of the Islamic Republic of Iran (IRI)
- 설립연도: 1947년
- IOC 가맹연도: 1947년
- 홈페이지: www.olympic.ir
- 이메일: nociri@olympic.ir
- 전화번호: 0098 21 2620 3384
- 팩스번호: 0098 21 2620 3374
- 주소: North Seoul Avenue, Niyayesh Highway, 1995614336 Tehran, Islamic Republic of Iran
- 국가 인구수: 82,913천 명

87. 인도(INDIA)

- 조직명(약어): Indian Olympic Association (IND)
- 설립연도: 1927년
- IOC 가맹연도: 1927년
- 홈페이지: www.olympic.ind.in
- 이메일: ioa@olympic.ind.in
- 전화번호: 0091 11 268 524 81
- 팩스번호: 0091 11 268 523 86
- 주소: Indian Olympic Bhawan B-29, Qutub Institutional Area, New Delhi 110016, India
- 국가 인구수: 1,366,417천 명

88. 인도네시아(INDONESIA)

- 조직명(약어): Komite Olimpiade Indonesia (INA)
- 설립연도: 1947년
- IOC 가맹연도: 1952년
- 홈페이지: www.nocindonesia.or.id
- 이메일: koisekretariat@gmail.com
- 전화번호: 0062 21 255 54107
- 팩스번호: 0062 21 255 54110
- 주소: FX Officer Tower Floor 17, JL. Pintu Senayan 1, Jakarta 10270, Indonesia
- 국가 인구수: 270,625천 명

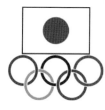

89. 일본(JAPAN)

- 조직명(약어): Japanese Olympic Committee (JPN)
- 설립연도: 1911년
- IOC 가맹연도: 1912년
- 홈페이지: www.joc.or.jp
- 이메일: jpn-noc@joc.or.jp
- 전화번호: 0081 3 6910 5956
- 팩스번호: 0081 3 6910 5960
- 주소: Japan Sport Olympic Square, 13th Floor, 4-2 Kasumigaoka-Machi, Shinjuku-Ku, Tokyo, 160-0013, Japan
- 국가 인구수: 126,264천 명

90. 중국(PEOPLE'S REPUBLIC OF CHINA)

- 조직명(약어): Chinese Olympic Committee (CHN)
- 설립연도: 1910년
- IOC 가맹연도: 1979년
- 홈페이지: www.olympic.cn
- 이메일: coc@olympic.cn
- 전화번호: 0086 10 6711 6669
- 팩스번호: 0086 10 6711 5858
- 주소: Tiyuguan Road 2, Beijing 100763, People's Republic of China
- 국가 인구수: 1,397,715천 명

91. 카자흐스탄(KAZAKHSTAN)

- 조직명(약어): National Olympic Committee of the Republic of Kazakhstan (KAZ)
- 설립연도: 1990년
- IOC 가맹연도: 1993년
- 홈페이지: https://olympic.kz/en
- 이메일: office@olympic.kz
- 전화번호: 007 717 257 4714
- 팩스번호: 007 727 293 5335
- 주소: 18 Turan, Floor 7, Block A, Nur-Sultan 010000, Kazakhstan
- 국가 인구수: 18,513천 명

92. 카타르(QATAR)

- 조직명(약어): Qatar Olympic Committee (QAT)
- 설립연도: 1979년
- IOC 가맹연도: 1980년
- 홈페이지: www.olympic.qa
- 이메일: qoc@olympic.qa
- 전화번호: 00974 4494 4777
- 팩스번호: 00974 4494 4788
- 주소: P.O. Box 7494, Olympic Building, Doha, Qatar
- 국가 인구수: 2,832천 명

NATIONAL OLYMPIC
COMMITTEE OF CAMBODIA

93. 캄보디아(CAMBODIA)

- 조직명(약어): National Olympic Committee of Cambodia (CAM)
- 설립연도: 1983년
- IOC 가맹연도: 1995년
- 홈페이지: www.nocc.org.kh
- 이메일: camnoc@online.com.kh
- 전화번호: 00855 23 215 869
- 팩스번호: 00855 23 364 752
- 주소: No. 1, Street 276, Boeung Keng Kang II, P.O. Box 101, Phnom Penh 12303, Cambodia
- 국가 인구수: 16,486천 명

94. 쿠웨이트(KUWAIT)

- 조직명(약어): Kuwait Olympic Committee (KUW)
- 설립연도: 1957년
- IOC 가맹연도: 1966년
- 홈페이지: www.kuwaitolympic.com
- 이메일: sg@kuwaitnoc.org
- 전화번호: 00965 6666 6922
- 팩스번호: 00965 2263 0893
- 주소: P.O. Box 795 13008 Safat Kuwait
- 국가 인구수: 4,207천 명

95. 키르기스스탄(KYRGYZSTAN)

* 조직명(약어): National Olympic Committee of the Kyrgyz Republic (KGZ)
* 설립연도: 1991년
* IOC 가맹연도: 1993년
* 홈페이지: www.olympic.kg
* 이메일: info@olympic.kg
* 전화번호: 00996 312 625 390
* 팩스번호: 00996 312 625 392
* 주소: 720001 Bishkek, 40 Togolok Moldo Street, Kyrgyzstan
* 국가 인구수: 6,456천 명

96. 타지키스탄(TAJIKISTAN)

* 조직명(약어): National Olympic Committee of the Republic of Tajikistan (TJK)
* 설립연도: 1992년
* IOC 가맹연도: 1993년
* 홈페이지: www.olympic.tj
* 이메일: noc@olympic.tj
* 전화번호: 00992 372 216 467
* 팩스번호: 00992 372 510 073
* 주소: P.O. Box 2, Aini Street 24, 734025 Dushanbe, Tajikistan
* 국가 인구수: 9,321천 명

97. 태국(THAILAND)

* 조직명(약어): National Olympic Committee of Thailand (THA)
* 설립연도: 1948년
* IOC 가맹연도: 1950년
* 홈페이지: https://olympicthai.org/en
* 이메일: info@olympicthai.org
* 전화번호: 0066 2 281 1016
* 팩스번호: 0066 2 280 3758
* 주소: 226 Sri Ayudhya Road, Dusit Bangkok 10300, Thailand
* 국가 인구수: 69,625천 명

98. 투르크메니스탄(TURKMENISTAN)

- 조직명(약어): National Olympic Committee of Turkmenistan (TKM)
- 설립연도: 1990년
- IOC 가맹연도: 1993년
- 홈페이지: -
- 이메일: info@olympic.tm
- 전화번호: 00993 12 211 158
- 팩스번호: 00993 12 211 169
- 주소: 76, Garashsyzlyk Street, 744013 Ashgabat, Turkmenistan
- 국가 인구수: 5,942천 명

99. 파키스탄(PAKISTAN)

- 조직명(약어): Pakistan Olympic Association (PAK)
- 설립연도: 1947년
- IOC 가맹연도: 1948년
- 홈페이지: www.nocpakistan.org
- 이메일: info@nocpakistan.org
- 전화번호: 0092 42 3628 0002
- 팩스번호: 0092 42 3630 6141
- 주소: Olympic House, 2-Hameed Nizami (Temple) Road, Lahore 54000, Pakistan
- 국가 인구수: 216,565천 명

100. 팔레스타인(PALESTINE)

- 조직명(약어): Palestine Olympic Committee (PLE)
- 설립연도: 1931년
- IOC 가맹연도: 1995년
- 홈페이지: www.poc.ps
- 이메일: info@poc.ps
- 전화번호: 00972 2 241 0612
- 팩스번호: 00972 2 241 0611
- 주소: P.O. Box 678, Ramallah, Palestine
- 국가 인구수: 5,101천 명

101. 필리핀(PHILIPPINES)

- 조직명(약어): Philippine Olympic Committee (PHI)
- 설립연도: 1911년
- IOC 가맹연도: 1929년
- 홈페이지: www.olympic.ph
- 이메일: noc-phi@olympic.ph
- 전화번호: 0063 2 632 1254
- 팩스번호: 0063 2 637 7104
- 주소: 3rd Floor, Building A, Philsports Complex, Meralco Avenue, 1603 Pasig City, Philippines
- 국가 인구수: 108,116천 명

102. 홍콩(HONG KONG, CHINA)

- 조직명(약어): Sports Federation and Olympic Committee of Hong Kong, China (HKG)
- 설립연도: 1950년
- IOC 가맹연도: 1951년
- 홈페이지: www.hkolympic.org
- 이메일: secretariat@hkolympic.org
- 전화번호: 00852 2504 8560
- 팩스번호: 00852 2574 3399
- 주소: 2/F Olympic House, 1 Stadium Path, So Kon Po, Causeway Bay, Hong Kong, China
- 국가 인구수: 7,507천 명

4장

유럽체육회연합회(EOC)

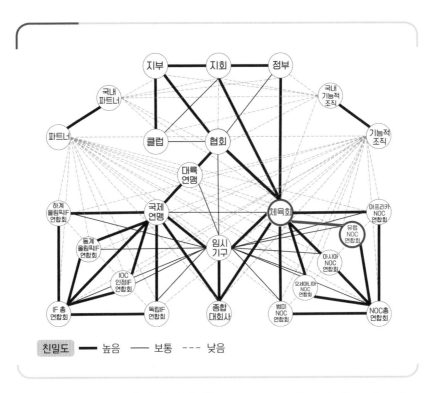

유럽체육회연합회(EOC, European Olympic Committees)

- 본부 소재지: 이탈리아 로마
- 공식 언어: 영어, 프랑스어
- 설립연도: 1968년
- 회원국 수: 50개
- 홈페이지: www.eurolympic.org
- 이메일: secretariat@eurolympic.org
- 전화번호: 0039 06 3685 7828
- 팩스번호: 0039 06 3685 7666
- 주소: Palazzina CONI, Villino Giulio Onesti, Via della Pallacanestro 19, 00194 Roma, Italy

103. 조지아(GEORGIA)

- 조직명(약어): Georgian National Olympic Committee (GEO)
- 설립연도: 1989년
- IOC 가맹연도: 1993년
- 홈페이지: www.geonoc.org.ge
- 이메일: info@geonoc.org.ge
- 전화번호: 00995 32 251 0057
- 팩스번호: 00995 32 293 4342
- 주소: 11 Machabeli Street, 0105 Tbilisi, Georgia
- 국가 인구수: 3,720천 명

104. 그리스(GREECE)

- 조직명(약어): Comite Olympique Hellenique (GRE)
- 설립연도: 1894년
- IOC 가맹연도: 1895년
- 홈페이지: www.hoc.gr
- 이메일: hoc@hoc.gr
- 전화번호: 0030 210 6878 888
- 팩스번호: 0030 210 6878 940
- 주소: 52 Avenue Dimitrios Vikelas, 152 33 Halandri Athenes, Greece
- 국가 인구수: 10,716천 명

105. 네덜란드(NETHERLANDS)

- 조직명(약어): Nederlands Olympisch Comite Nederlandse Sport Federatie (NED)
- 설립연도: 1912년
- IOC 가맹연도: 1912년
- 홈페이지: www.nocnsf.nl
- 이메일: international.affairs@nocnsf.nl
- 전화번호: 0031 26 483 4400
- 팩스번호: 0031 26 483 4444
- 주소: P.O. Box 302, Papendallaan 60, 6800 AH Arnhem, Netherlands
- 국가 인구수: 17,332천 명

NORGES
IDRETTSFORBUND

106. 노르웨이(NORWAY)

- 조직명(약어): Norwegian Olympic and Paralympic Committee and Confederation of Sports (NOR)
- 설립연도: 1900년
- IOC 가맹연도: 1900년
- 홈페이지: www.idrettsforbundet.no
- 이메일: nif-post@idrettsforbundet.no
- 전화번호: 0047 21 02 9000
- 팩스번호: 0047 21 02 9001
- 주소: Postbox 5000, 0840 Oslo, Norway
- 국가 인구수: 5,347천 명

DENMARK

107. 덴마크(DENMARK)

- 조직명(약어): National Olympic Committee and Sports Confederation of Denmark (DEN)
- 설립연도: 1905년
- IOC 가맹연도: 1905년
- 홈페이지: www.dif.dk
- 이메일: noc.denmark@dif.dk
- 전화번호: 0045 4326 2626
- 팩스번호: 0045 4326 2991
- 주소: Idraettens Hus, Broendby Stadion 20, 2605 Broendby, Denmark
- 국가 인구수: 5,818천 명

108. 독일(GERMANY)

- 조직명(약어): Deutscher Olympischer Sportbund (GER)
- 설립연도: 1895년
- IOC 가맹연도: 1895년
- 홈페이지: www.dosb.de
- 이메일: iocnoc@dosb.de
- 전화번호: 0049 69 670 00
- 팩스번호: 0049 69 674 591
- 주소: Otto-Fleck-Schneise 12, 60528 Frankfurt Am Main, Germany
- 국가 인구수: 83,132천 명

LATVIJAS OLIMPISKÄ KOMITEJA

109. 라트비아(LATVIA)

- 조직명(약어): Latvian Olympic Committee (LAT)
- 설립연도: 1922년
- IOC 가맹연도: 1991년
- 홈페이지: www.olimpiade.lv
- 이메일: lok@olimpiade.lv
- 전화번호: 00371 6 728 2461
- 팩스번호: 00371 6 728 2123
- 주소: Elizabetes Street 49, Riga 1010, Latvia
- 국가 인구수: 1,912천 명

110. 러시아(RUSSIAN FEDERATION)

- 조직명(약어): Russian Olympic Committee (RUS)
- 설립연도: 1989년
- IOC 가맹연도: 1993년
- 홈페이지: www.olympic.ru
- 이메일: office@olympic.ru
- 전화번호: 007 495 725 4535
- 팩스번호: 007 495 725 4523
- 주소: Luzhnetskaya Nab 8, Moscow, 119992, Russian Federation
- 국가 인구수: 144,373천 명

111. 루마니아(ROMANIA)

- 조직명(약어): Romanian Olympic and Sports Committee (ROU)
- 설립연도: 1914년
- IOC 가맹연도: 1914년
- 홈페이지: www.cosr.ro
- 이메일: noc_romania@cosr.ro
- 전화번호: 0040 21 319 1600
- 팩스번호: 0040 21 315 0490
- 주소: BD. Marasti 20A, Sector 1, 011468 Bucharest, Romania
- 국가 인구수: 19,356천 명

Comité Olympique et
Sportif Luxembourgeois

112. 룩셈부르크(LUXEMBOURG)

- 조직명(약어): Comite Olympique et Sportif Luxembourgeois (LUX)
- 설립연도: 1912년
- IOC 가맹연도: 1912년
- 홈페이지: www.cosl.lu
- 이메일: cosl@cosl.lu
- 전화번호: 00352 488 048
- 팩스번호: 00352 488 074
- 주소: 3, Route d'Arlon, 8009 Strassen, Luxembourg
- 국가 인구수: 619천 명

LIETUVA

113. 리투아니아(LITHUANIA)

- 조직명(약어): National Olympic Committee of Lithuania (LTU)
- 설립연도: 1924년
- IOC 가맹연도: 1991년
- 홈페이지: www.ltok.lt
- 이메일: info@ltok.lt
- 전화번호: 00370 52 780 642
- 팩스번호: 00370 52 780 662
- 주소: 15 Rue Olimpieciu, 09237 Vilnius, Lithuania
- 국가 인구수: 2,786천 명

Liechtenstein
Olympic Committee

114. 리히텐슈타인(LIECHTENSTEIN)

- 조직명(약어): Liechtenstein Olympic Committee (LIE)
- 설립연도: 1935년
- IOC 가맹연도: 1935년
- 홈페이지: www.olympic.li
- 이메일: office@olympic.li
- 전화번호: 00423 232 3757
- 팩스번호: 00423 233 1673
- 주소: Postfach 427, Im Rietacker 4, 9494 Schaan, Liechtenstein
- 국가 인구수: 38천 명

115. 마케도니아(MACEDONIA)

- 조직명(약어): Olympic Committee of North Macedonia (MKD)
- 설립연도: 1992년
- IOC 가맹연도: 1993년
- 홈페이지: www.mok.org.mk
- 이메일: mok@mok.org.mk
- 전화번호: 00389 2 246 2506
- 팩스번호: 00389 2 311 6068
- 주소: P.O. Box 914, Bul. Kuzman Josifovski Pitu 17, 1000 Skopje, North Macedonia
- 국가 인구수: 2,083천 명

116. 모나코(MONACO)

- 조직명(약어): Comite Olympique Monegasque (MON)
- 설립연도: 1907년
- IOC 가맹연도: 1953년
- 홈페이지: www.comite-olympique.mc
- 이메일: secretariat@comite-olympique.mc
- 전화번호: 00377 9205 7167
- 팩스번호: 00377 9205 7168
- 주소: 7 Avenue des Castelans, Stade Louis II, 98000 Monaco, Monaco
- 국가 인구수: 38천 명

CRNOGORSKI OLIMPIJSKI KOMITET
MONTENEGRIN OLYMPIC COMMITTEE

117. 몬테네그로(MONTENEGRO)

- 조직명(약어): Montenegrin Olympic Committee (MNE)
- 설립연도: 2006년
- IOC 가맹연도: 2007년
- 홈페이지: www.cokcg.org
- 이메일: cok@t-com.me
- 전화번호: 00382 20 664 275
- 팩스번호: 00382 20 664 276
- 주소: 19, Decembra 21, 81000 Podgorica, Montenegro
- 국가 인구수: 622천 명

118. 몰도바(REPUBLIC OF MOLDOVA)

- 조직명(약어): National Olympic and Sports Committee of the Republic of Moldova (MDA)
- 설립연도: 1991년
- IOC 가맹연도: 1993년
- 홈페이지: www.olympic.md
- 이메일: international@olympic.md
- 전화번호: 00373 22 223 183
- 팩스번호: 00373 22 228 821
- 주소: Rue Puskin 11, MD-2012 Chisinau, Republic of Moldova
- 국가 인구수: 2,657천 명

119. 몰타(MALTA)

- 조직명(약어): Maltese Olympic Committee (MLT)
- 설립연도: 1928년
- IOC 가맹연도: 1936년
- 홈페이지: www.nocmalta.org
- 이메일: moc@nocmalta.org
- 전화번호: 00356 21 332 801
- 팩스번호: 00356 21 332 798
- 주소: National Swimming Pool Complex, Maria Teresa Spinelli Street, Gzira GZR 1711, Malta
- 국가 인구수: 502천 명

120. 벨기에(BELGIUM)

- 조직명(약어): Comite Olympique et Interfederal Belge (BEL)
- 설립연도: 1906년
- IOC 가맹연도: 1906년
- 홈페이지: www.olympic.be
- 이메일: info@olympic.be
- 전화번호: 0032 2 474 5150
- 팩스번호: 0032 2 479 4656
- 주소: Avenue de Bouchout 9, 1020 Bruxelles, Belgium
- 국가 인구수: 11,484천 명

121. 벨라루스(BELARUS)

- 조직명(약어): National Olympic Committee of the Republic of Belarus (BLR)
- 설립연도: 1991년
- IOC 가맹연도: 1993년
- 홈페이지: www.noc.by
- 이메일: nocblr@gmail.com
- 전화번호: 00375 173 092 502
- 팩스번호: 00375 173 092 537
- 주소: Raduzhnaya Street 27-2, 220020 Minsk, Belarus
- 국가 인구수: 9,466천 명

122. 보스니아헤르체고비나(BOSNIA HERZEGOVINA)

- 조직명(약어): Olympic Committee of Bosnia and Herzegovina (BIH)
- 설립연도: 1992년
- IOC 가맹연도: 1993년
- 홈페이지: www.okbih.ba
- 이메일: okbih@okbih.ba
- 전화번호: 00387 33 226 414
- 팩스번호: 00387 33 226 414
- 주소: Olimpijska Dvorana Zetra, Alipasina Bb, 71000 Sarajevo, Bosnia and Herzegovina
- 국가 인구수: 3,301천 명

123. 불가리아(BULGARIA)

- 조직명(약어): Bulgarian Olympic Committee (BUL)
- 설립연도: 1923년
- IOC 가맹연도: 1924년
- 홈페이지: www.bgolympic.org
- 이메일: nocbulgaria@bgolympic.org
- 전화번호: 00359 2 987 3431
- 팩스번호: 00359 2 987 0379
- 주소: 4, Angel Kanchev Street, 1000 Sofia, Bulgaria
- 국가 인구수: 6,975천 명

124. 산마리노(SAN MARINO)

- 조직명(약어): Comitato Olimpico Nazionale Sammarinese (SMR)
- 설립연도: 1959년
- IOC 가맹연도: 1959년
- 홈페이지: www.cons.sm
- 이메일: nocsmr@cons.sm
- 전화번호: 00378 885 600
- 팩스번호: 00378 885 651
- 주소: Via Rancaglia 30, 47899 Serravalle, San Marino
- 국가 인구수: 33천 명

125. 세르비아(SERBIA)

- 조직명(약어): Olympic Committee of Serbia (SRB)
- 설립연도: 1910년
- IOC 가맹연도: 1912년
- 홈페이지: www.oks.org.rs
- 이메일: office@oks.org.rs
- 전화번호: 00381 11 367 1574
- 팩스번호: 00381 11 367 1887
- 주소: Generala Vasica 5, 11040 Belgrade, Serbia
- 국가 인구수: 6,944천 명

126. 스웨덴(SWEDEN)

- 조직명(약어): Swedish Olympic Committee (SWE)
- 설립연도: 1913년
- IOC 가맹연도: 1913년
- 홈페이지: www.sok.se
- 이메일: info@sok.se
- 전화번호: 0046 8 402 6800
- 팩스번호: 0046 8 402 6818
- 주소: Sofiatornet Olympiastadion, 114 33 Stockholm, Sweden
- 국가 인구수: 10,285천 명

127. 스위스(SWITZERLAND)

- 조직명(약어): Swiss Olympic Association (SUI)
- 설립연도: 1912년
- IOC 가맹연도: 1912년
- 홈페이지: www.swissolympic.ch
- 이메일: info@swissolympic.ch
- 전화번호: 0041 31 359 7111
- 팩스번호: 0041 31 359 7171
- 주소: Haus des Sports - Maison du Sport, Talgut-Zentrum 27, 3063 Ittigen Bei Bern, Switzerland
- 국가 인구수: 8,574천 명

128. 스페인(SPAIN)

- 조직명(약어): Comite Olimpico Espanol (ESP)
- 설립연도: 1912년
- IOC 가맹연도: 1912년
- 홈페이지: www.coe.es
- 이메일: correo@coe.es
- 전화번호: 0034 91 381 5500
- 팩스번호: 0034 91 381 9639
- 주소: Calle Arequipa 13, Gran Via de Hortaleza, 28043 Madrid, Spain
- 국가 인구수: 47,076천 명

129. 슬로바키아(SLOVAKIA)

- 조직명(약어): Slovak Olympic and Sports Committee (SVK)
- 설립연도: 1992년
- IOC 가맹연도: 1993년
- 홈페이지: www.olympic.sk
- 이메일: office@olympic.sk
- 전화번호: 00421 2 4925 6101
- 팩스번호: 00421 2 4925 6102
- 주소: Kukucinova 26, 838 08 Bratislava, Slovakia
- 국가 인구수: 5,454천 명

130. 슬로베니아(SLOVENIA)

- 조직명(약어): Olympic Committee of Slovenia Association of Sports Federations (SLO)
- 설립연도: 1991년
- IOC 가맹연도: 1993년
- 홈페이지: www.olympic.si
- 이메일: info@olympic.si
- 전화번호: 00386 1 230 6000
- 팩스번호: 00386 1 230 6020
- 주소: Smartinska 140, 1000 Ljubljana, Slovenia
- 국가 인구수: 2,087천 명

131. 아르메니아(ARMENIA)

- 조직명(약어): National Olympic Committee of Armenia (ARM)
- 설립연도: 1990년
- IOC 가맹연도: 1993년
- 홈페이지: www.armnoc.am
- 이메일: armnoc.info@gmail.com
- 전화번호: 00374 10 529 797
- 팩스번호: 00374 10 545 789
- 주소: Abovyan Street 9, 0001 Yerevan, Armenia
- 국가 인구수: 2,957천 명

132. 아이슬란드(ICELAND)

- 조직명(약어): National Olympic and Sports Association of Iceland (ISL)
- 설립연도: 1921년
- IOC 가맹연도: 1935년
- 홈페이지: www.olympic.is
- 이메일: isi@isi.is
- 전화번호: 00354 514 4000
- 팩스번호: 00354 514 4001
- 주소: Engjavegur 6, Sports Center Laugardalur, 104 Reykjavik, Iceland
- 국가 인구수: 361천 명

133. 아일랜드(IRELAND)

- 조직명(약어): Olympic Federation of Ireland (IRL)
- 설립연도: 1922년
- IOC 가맹연도: 1922년
- 홈페이지: www.olympicsport.ie
- 이메일: admin@olympicsport.ie
- 전화번호: 00353 1 866 0555
- 팩스번호: 00353 1 866 0130
- 주소: Olympic House, Harbour Road, Howth, Dublin D13 XK75, Ireland
- 국가 인구수: 4,941천 명

134. 아제르바이잔(AZERBAIJAN)

- 조직명(약어): National Olympic Committee of the Azerbaijani Republic (AZE)
- 설립연도: 1992년
- IOC 가맹연도: 1993년
- 홈페이지: www.noc-aze.org
- 이메일: info@noc-aze.org
- 전화번호: 00994 12 465 1323
- 팩스번호: 00994 12 465 4225
- 주소: Olympic Street Bl. 5, 370072 Baku, Azerbaijan
- 국가 인구수: 10,023천 명

135. 안도라(ANDORRA)

- 조직명(약어): Comite Olimpic Andorra (AND)
- 설립연도: 1971년
- IOC 가맹연도: 1975년
- 홈페이지: www.coa.ad
- 이메일: coa@coa.ad
- 전화번호: 00376 804 210
- 팩스번호: 00376 804 211
- 주소: EDF. Principat A 1-2, Avenue Tarragona 101, Andorra La Vella, Andorra
- 국가 인구수: 77천 명

136. 알바니아(ALBANIA)

- 조직명(약어): Albanian National Olympic Committee (ALB)
- 설립연도: 1958년
- IOC 가맹연도: 1959년
- 홈페이지: www.nocalbania.org.al
- 이메일: secretariat@nocalbania.org.al
- 전화번호: 00355 42 240 602
- 팩스번호: 00355 42 240 565
- 주소: P.O. Box 63, Sheshi Mustafa K. Ataturk (Ish 21 Dhjetori), Tirane, Albania
- 국가 인구수: 2,854천 명

137. 에스토니아(ESTONIA)

- 조직명(약어): Estonian Olympic Committee (EST)
- 설립연도: 1923년
- IOC 가맹연도: 1991년
- 홈페이지: www.eok.ee
- 이메일: eok@eok.ee
- 전화번호: 00372 603 1500
- 팩스번호: 00372 603 1501
- 주소: Parnu Mnt. 102C, 11312 Tallinn, Estonia
- 국가 인구수: 1,326천 명

138. 영국(GREAT BRITAIN)

- 조직명(약어): British Olympic Association (GBR)
- 설립연도: 1905년
- IOC 가맹연도: 1905년
- 홈페이지: www.teamgb.com
- 이메일: boa@teamgb.com
- 전화번호: 0044 2078 42 5700
- 팩스번호: 0044 2078 42 5777
- 주소: 60 Charlotte Street, London, W1T 2NU, Great Britain
- 국가 인구수: 66,834천 명

139. 오스트리아(AUSTRIA)

- 조직명(약어): Osterreichisches Olympisches Comite (AUT)
- 설립연도: 1908년
- IOC 가맹연도: 1912년
- 홈페이지: www.olympia.at
- 이메일: office@olympia.at
- 전화번호: 0043 1 799 5511
- 팩스번호: 0043 1 799 5511 20
- 주소: Rennweg 46-50, 2nd Floor, Top 7, 1030 Wien, Austria
- 국가 인구수: 8,877천 명

140. 우크라이나(UKRAINE)

- 조직명(약어): National Olympic Committee of Ukraine (UKR)
- 설립연도: 1990년
- IOC 가맹연도: 1993년
- 홈페이지: www.noc-ukr.org
- 이메일: office@noc-ukr.org
- 전화번호: 00380 44 379 1282
- 팩스번호: 00380 44 379 1279
- 주소: 39-41, Khoryva Street, 04071 Kiev, Ukraine
- 국가 인구수: 44,385천 명

141. 이스라엘(ISRAEL)

- 조직명(약어): The Olympic Committee of Israel (ISR)
- 설립연도: 1933년
- IOC 가맹연도: 1952년
- 홈페이지: www.olympicsil.co.il
- 이메일: nocil@nocil.co.il
- 전화번호: 00972 3 649 8385
- 팩스번호: 00972 3 649 8395
- 주소: P.O. Box 53310, 6 Shitrit Street, 69482 Tel-Aviv, Israel
- 국가 인구수: 9,053천 명

142. 이탈리아(ITALY)

- 조직명(약어): Comitato Olimpico Nazionale Italiano (ITA)
- 설립연도: 1908년
- IOC 가맹연도: 1915년
- 홈페이지: www.coni.it
- 이메일: segretariogenerale@coni.it
- 전화번호: 0039 06 3685 7814
- 팩스번호: 0039 06 3685 7697
- 주소: Foro Italico, Largo Lauro de Bosis 15, 00135 Roma, Italy
- 국가 인구수: 60,297천 명

143. 체코 공화국(CZECH REPUBLIC)

- 조직명(약어): Czech Olympic Committee (CZE)
- 설립연도: 1899년
- IOC 가맹연도: 1993년
- 홈페이지: www.olympic.cz
- 이메일: info@olympic.cz
- 전화번호: 00420 271 730 622
- 팩스번호: 00420 271 731 318
- 주소: Benesovska 6, 101 00 Prague 10, Czech Republic
- 국가 인구수: 10,669천 명

144. 코소보(KOSOVO)

- 조직명(약어): Kosovo Olympic Committee (KOS)
- 설립연도: 1992년
- IOC 가맹연도: 2014년
- 홈페이지: www.noc-kosovo.org
- 이메일: info@noc-kosovo.org
- 전화번호: 00381 38 226 223
- 팩스번호: 00381 38 226 223
- 주소: House of Sports, Agim Ramadani Street No. 253, 1st Floor, 10000 Pristina, Kosovo
- 국가 인구수: 1,794천 명

145. 크로아티아(CROATIA)

- 조직명(약어): Croatian Olympic Committee (CRO)
- 설립연도: 1991년
- IOC 가맹연도: 1993년
- 홈페이지: www.hoo.hr
- 이메일: hoo@hoo.hr
- 전화번호: 00385 1 365 9666
- 팩스번호: 00385 1 365 9600
- 주소: TRG Kresimira Cosica 11, 10000 Zagreb, Croatia
- 국가 인구수: 4,067천 명

146. 사이프러스(CYPRUS)

- 조직명(약어): The Cyprus National Olympic Committee (CYP)
- 설립연도: 1974년
- IOC 가맹연도: 1978년
- 홈페이지: www.olympic.org.cy
- 이메일: cypnoc@cytanet.com.cy
- 전화번호: 00357 22 449 880
- 팩스번호: 00357 22 449 890
- 주소: Olympic House, 21 Amfipoleos Street, P.O. Box 23931, 1687 Nicosia, Cyprus
- 국가 인구수: 1,198천 명

147. 터키(TURKEY)

- 조직명(약어): Turkish Olympic Committee (TUR)
- 설립연도: 1908년
- IOC 가맹연도: 1911년
- 홈페이지: www.olimpiyat.org.tr
- 이메일: info@olimpiyat.org.tr
- 전화번호: 0090 212 560 0707
- 팩스번호: 0090 212 560 0055
- 주소: Olimpiyatevi, Olympic House, Kisim Sonu 4, 34158 Atakoy-Istanbul, Turkey
- 국가 인구수: 83,429천 명

COMITÉ OLÍMPICO DE PORTUGAL

148. 포르투갈(PORTUGAL)

- 조직명(약어): Comite Olimpico de Portugal (POR)
- 설립연도: 1909년
- IOC 가맹연도: 1909년
- 홈페이지: www.comiteolimpicoportugal.pt
- 이메일: correio@comiteolimpicoportugal.pt
- 전화번호: 00351 21 361 7260
- 팩스번호: 00351 21 363 6967
- 주소: Travessa da Memoria No. 36, 1300-403 Lisboa, Portugal
- 국가 인구수: 10,269천 명

149. 폴란드(POLAND)

- 조직명(약어): Polish Olympic Committee (POL)
- 설립연도: 1918년
- IOC 가맹연도: 1919년
- 홈페이지: www.olimpijski.pl
- 이메일: pkol@pkol.pl
- 전화번호: 0048 22 560 3700
- 팩스번호: 0048 22 560 3735
- 주소: Wybrzeze Gdynskie 4, 01-531 Varsovie, Poland
- 국가 인구수: 37,970천 명

150. 프랑스(FRANCE)

- 조직명(약어): Comite National Olympique et Sportif Francais (FRA)
- 설립연도: 1894년
- IOC 가맹연도: 1894년
- 홈페이지: www.franceolympique.com
- 이메일: cnosf@cnosf.org
- 전화번호: 0033 1 4078 2800
- 팩스번호: 0033 1 4078 2951
- 주소: Maison du Sport Francais, 1 Avenue Pierre-de-Coubertin, 75640 Paris Cedex 13, France
- 국가 인구수: 67,059천 명

151. 핀란드(FINLAND)

- 조직명(약어): Finnish Olympic Committee (FIN)
- 설립연도: 1907년
- IOC 가맹연도: 1907년
- 홈페이지: www.olympiakomitea.fi
- 이메일: office@noc.fi
- 전화번호: 00358 9 34 8121
- 팩스번호: 00358 9 34 8123 10
- 주소: Valimotie 10, 00380 Helsinki, Finland
- 국가 인구수: 5,520천 명

152. 헝가리(HUNGARY)

- 조직명(약어): Hungarian Olympic Committee (HUN)
- 설립연도: 1895년
- IOC 가맹연도: 1895년
- 홈페이지: www.olimpia.hu
- 이메일: info@olimpia.hu
- 전화번호: 0036 1 386 8000
- 팩스번호: 0036 1 386 9670
- 주소: Budapest, Magyar Olimpiai Bizottsag, Csorsz Utca 49-51, 1124, Hungary
- 국가 인구수: 9,769천 명

5장 아프리카체육회연합회(ANOCA)

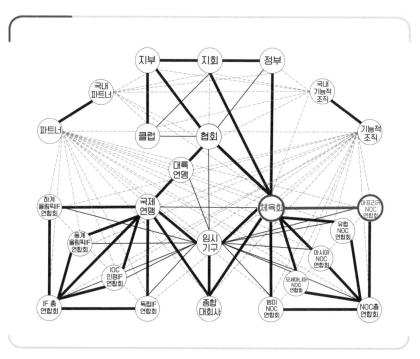

아프리카체육회연합회(ANOCA, Association of National Olympic Committees of Africa)

- 본부 소재지: 나이지리아 아부자
- 공식 언어: 영어, 프랑스어
- 설립연도: 1981년
- 회원국 수: 54개
- 홈페이지: www.africaolympic.org
- 이메일: info@anocahdqs.org
- 전화번호: 00234 9 870 5991
- 팩스번호: 00234 9 413 6480
- 주소: 6, Lassale Street, Off Shehu Shagari Way, PMB 645, Maitama, Abuja – FCT, Nigeria

153. 가나(GHANA)

- 조직명(약어): Ghana Olympic Committee (GHA)
- 설립연도: 1951년
- IOC 가맹연도: 1951년
- 홈페이지: −
- 이메일: bennmensah@hotmail.com
- 전화번호: 00233 244 354 560
- 팩스번호: −
- 주소: Olympic House, Ridge, P.O. Box M439, Ministries, Accra North, Ghana
- 국가 인구수: 30,417천 명

154. 가봉(GABON)

- 조직명(약어): Comite Olympique Gabonais (GAB)
- 설립연도: 1965년
- IOC 가맹연도: 1968년
- 홈페이지: www.gabonolymplique.com
- 이메일: cnogab@yahoo.fr
- 전화번호: 00241 0145 3243
- 팩스번호: −
- 주소: Stade de l'Amitie Sino-Gabonaise, Angondje, BP 447, Libreville, Gabon
- 국가 인구수: 2,172천 명

155. 감비아(GAMBIA)

- 조직명(약어): The Gambia National Olympic Committee (GAM)
- 설립연도: 1972년
- IOC 가맹연도: 1976년
- 홈페이지: www.gnoc.gm
- 이메일: info@gambianoc.gm
- 전화번호: 00220 890 3507
- 팩스번호: 00220 449 8868
- 주소: Olympic House, Bertil Harding Highway, P.O. Box 605, Mile 7, Bakau, Gambia
- 국가 인구수: 2,347천 명

156. 기니(GUINEA)

- 조직명(약어): Comite National Olympique et Sportif Guineen (GUI)
- 설립연도: 1964년
- IOC 가맹연도: 1965년
- 홈페이지: -
- 이메일: cnosg2012@yahoo.fr
- 전화번호: 00224 6433 2160
- 팩스번호: 00224 3045 6050
- 주소: P.A. Academie Nationale Olympique, Sise au Stade du 28 Septembre, BP 1993, Commune de Dixinn, Conakry, Guinea
- 국가 인구수: 12,771천 명

157. 기니 비사우(GUINEA-BISSAU)

- 조직명(약어): Comite Olimpico da Guine-Bissau (GBS)
- 설립연도: 1992년
- IOC 가맹연도: 1995년
- 홈페이지: -
- 이메일: comiteolimpicogb@gmail.com
- 전화번호: 00245 521 4443
- 팩스번호: 00245 668 7763
- 주소: R. N° 10 Chao de Papel, C P N° 32 - Bissau, Bissau, Guinea-Bissau
- 국가 인구수: 1,920천 명

158. 나미비아(NAMIBIA)

- 조직명(약어): Namibia National Olympic Committee (NAM)
- 설립연도: 1990년
- IOC 가맹연도: 1991년
- 홈페이지: www.nnoc-namibia.com
- 이메일: info@olympic.org.na
- 전화번호: 00264 61 229 285
- 팩스번호: 00264 61 237 872
- 주소: P.O. Box 21162, Windhoek, Namibia
- 국가 인구수: 2,494천 명

159. 나이지리아(NIGERIA)

- 조직명(약어): Nigeria Olympic Committee Inc. (NGR)
- 설립연도: 1950년
- IOC 가맹연도: 1951년
- 홈페이지: www.nigerianoc.org
- 이메일: secretariat@nigerianoc.org
- 전화번호: 00234 805 282 6669
- 팩스번호: −
- 주소: National Stadium, Surulere, P.O. Box 3156, Marina, Lagos, Nigeria
- 국가 인구수: 200,963천 명

160. 남수단(SOUTH SUDAN)

- 조직명(약어): South Sudan National Olympic Committee (SSD)
- 설립연도: 2015년
- IOC 가맹연도: 2015년
- 홈페이지: −
- 이메일: tongchor@gmail.com
- 전화번호: 00211 912 301 100
- 팩스번호: −
- 주소: Off Kokora Raod, Hai Nimara Talata 3, Opposite Basket Stadieum P.O. Box 605, Juba, South Sudan
- 국가 인구수: 11,062천 명

161. 남아프리카 공화국(SOUTH AFRICA)

- 조직명(약어): South African Sports Confederation and Olympic Committee (RSA)
- 설립연도: 1991년
- IOC 가맹연도: 1991년
- 홈페이지: www.sascoc.co.za
- 이메일: admin@sascoc.co.za
- 전화번호: 0027 87 351 2082
- 팩스번호: 0027 86 673 5884
- 주소: P.O. Box 1355, Houghton, Johannesburg 2041, South Africa
- 국가 인구수: 58,558천 명

162. 니제르(NIGER)

- 조직명(약어): Comite Olympique et Sportif National du Niger (NIG)
- 설립연도: 1964년
- IOC 가맹연도: 1964년
- 홈페이지: -
- 이메일: cosni5@yahoo.fr
- 전화번호: 00227 2036 2600
- 팩스번호: 00227 2072 4031
- 주소: B.P. 11975, 8000 Niamey, Niger
- 국가 인구수: 23,310천 명

163. 라이베리아(LIBERIA)

- 조직명(약어): Liberia National Olympic Committee (LBR)
- 설립연도: 1954년
- IOC 가맹연도: 1955년
- 홈페이지: -
- 이메일: liberianoc59@yahoo.com
- 전화번호: 00231 886 515 538
- 팩스번호: -
- 주소: P.O. Box 6242, 1000 Monrovia 10, Liberia
- 국가 인구수: 4,937천 명

164. 레소토(LESOTHO)

- 조직명(약어): Lesotho National Olympic Committee (LES)
- 설립연도: 1971년
- IOC 가맹연도: 1972년
- 홈페이지: www.olympics.org.ls
- 이메일: olympic@ilesotho.com
- 전화번호: 00266 2232 1333
- 팩스번호: 00266 2231 0666
- 주소: Maseru West Lancers, House 106 Adjacent Police Mess, Maseru 100, Lesotho
- 국가 인구수: 2,125천 명

165. 르완다(RWANDA)

- 조직명(약어): Comite National Olympique et Sportif du Rwanda (RWA)
- 설립연도: 1984년
- IOC 가맹연도: 1984년
- 홈페이지: www.olympicrwanda.org
- 이메일: cnosr@olympicrwanda.org
- 전화번호: 00250 252 587 009
- 팩스번호: 00250 252 587 010
- 주소: B.P. 2684, Stade National Amahoro de Remera, Kigali, Rwanda
- 국가 인구수: 12,626천 명

166. 리비아(LIBYA)

- 조직명(약어): Libyan Olympic Committee (LBA)
- 설립연도: 1962년
- IOC 가맹연도: 1963년
- 홈페이지: www.olympic.ly
- 이메일: info@olympic.ly
- 전화번호: 00218 21 478 2012
- 팩스번호: 00218 21 478 2012
- 주소: Olympic Building, Sports City, P.O. Box. 879, Gurji, Tripoli, Libya
- 국가 인구수: 6,777천 명

167. 마다가스카르(MADAGASCAR)

- 조직명(약어): Comite Olympique Malgache (MAD)
- 설립연도: 1963년
- IOC 가맹연도: 1964년
- 홈페이지: -
- 이메일: olympicmalagsy@gmail.com
- 전화번호: 00261 3449 47379
- 팩스번호: 00261 2022 49628
- 주소: Immeuble Jardins d'Ivandry 2, Appt 20, Bat J, En Face de la Station Jovenna Ivandry, 101 Antananarivo, Madagascar
- 국가 인구수: 26,969천 명

168. 말라위(MALAWI)

- 조직명(약어): Malawi Olympic Committee (MAW)
- 설립연도: 1968년
- IOC 가맹연도: 1968년
- 홈페이지: www.moc.org.mw
- 이메일: info@moc.org.mw
- 전화번호: 00265 884 90 6011
- 팩스번호: -
- 주소: Along M1 Road, Area 36, P.O. Box 31757, Lilongwe 3, Malawi
- 국가 인구수: 18,628천 명

169. 말리(MALI)

- 조직명(약어): Comite National Olympique et Sportif du Mali (MLI)
- 설립연도: 1962년
- IOC 가맹연도: 1963년
- 홈페이지: www.maliolympique.org
- 이메일: olymp.mali@afribonemali.net
- 전화번호: 00223 20 23 9402
- 팩스번호: 00223 20 22 8351
- 주소: Villa N°1, Cite Ministerielle, Boulevard de l'Independance, B.P. 88, Bamako, Mali
- 국가 인구수: 19,658천 명

170. 모로코(MOROCCO)

- 조직명(약어): Comite National Olympique Marocain (MAR)
- 설립연도: 1959년
- IOC 가맹연도: 1959년
- 홈페이지: www.cnom.org.ma
- 이메일: cnomarocain@cnom.org.ma
- 전화번호: 00212 53 767 1273
- 팩스번호: 00212 53 767 3203
- 주소: P.A. Comite National Olympique Marocain, Complexe Sportif Moulay Abdellah, Rabat, Morocco
- 국가 인구수: 36,471천 명

171. 모리셔스(MAURITIUS)

- 조직명(약어): Mauritius Olympic Committee (MRI)
- 설립연도: 1971년
- IOC 가맹연도: 1972년
- 홈페이지: www.mauritiussportscouncil.com
- 이메일: mnoc@intnet.mu
- 전화번호: 00230 489 6530
- 팩스번호: 00230 489 6533
- 주소: 6A Stateland Trianon, Quatre Bornes, Mauritius
- 국가 인구수: 1,265천 명

172. 모리타니아(MAURITANIA)

- 조직명(약어): Comite National Olympique et Sportif Mauritanien (MTN)
- 설립연도: 1962년
- IOC 가맹연도: 1979년
- 홈페이지: −
- 이메일: mauritanie_mtn@yahoo.fr
- 전화번호: 00222 4 525 5281
- 팩스번호: 00222 4 525 5281
- 주소: B.P. 1360, Nouakchott, Mauritania
- 국가 인구수: 4,525천 명

173. 모잠비크(MOZAMBIQUE)

- 조직명(약어): Comite Olimpico Nacional de Mocambique (MOZ)
- 설립연도: 1978년
- IOC 가맹연도: 1979년
- 홈페이지: −
- 이메일: info@com-cga.co.mz
- 전화번호: 00258 8236 35203
- 팩스번호: 00258 2149 0530
- 주소: Caixa Postal 1404, Rua Mateus Sansao Muthemba 397-431, Maputo, Mozambique
- 국가 인구수: 30,366천 명

174. 베냉(BENIN)

- 조직명(약어): Comite National Olympique et Sportif Beninois (BEN)
- 설립연도: 1962년
- IOC 가맹연도: 1962년
- 홈페이지: -
- 이메일: cnosbenin@yahoo.fr
- 전화번호: 00229 9787 2445
- 팩스번호: 00229 2138 2873
- 주소: Haie Vive, Batiment 800, Cotonou, Benin
- 국가 인구수: 11,801천 명

175. 보츠와나(BOTSWANA)

- 조직명(약어): Botswana National Olympic Committee (BOT)
- 설립연도: 1979년
- IOC 가맹연도: 1980년
- 홈페이지: www.botswananoc.org
- 이메일: bnoc@botswananoc.org
- 전화번호: 00267 391 8944
- 팩스번호: 00267 391 8907
- 주소: Private Bag 00180, Gaborone, Botswana
- 국가 인구수: 2,303천 명

176. 부룬디(BURUNDI)

- 조직명(약어): Comite National Olympique du Burundi (BDI)
- 설립연도: 1990년
- IOC 가맹연도: 1993년
- 홈페이지: www.cnobdi.org
- 이메일: cnoc.burundi@gmail.com
- 전화번호: 00257 2221 8724
- 팩스번호: 00257 2221 7405
- 주소: B.P. 6247, Avenue du 18 Septembre No 10, Rohero 1, Bujumbura, Burundi
- 국가 인구수: 11,530천 명

177. 부르키나파소(BURKINA FASO)

- 조직명(약어): Comite National Olympique et des Sports Burkinabe (BUR)
- 설립연도: 1965년
- IOC 가맹연도: 1972년
- 홈페이지: -
- 이메일: cnos_burkina@yahoo.fr
- 전화번호: 00226 5034 3378
- 팩스번호: 00226 5031 2398
- 주소: 01 B.P. 3925, Stade du 4 Aout, Porte N° 13, Ouagadougou 01, Burkina Faso
- 국가 인구수: 20,321천 명

178. 상투메프린시페(SAO TOME AND PRINCIPE)

- 조직명(약어): Comite Olimpico de Sao Tome e Principe (STP)
- 설립연도: 1979년
- IOC 가맹연도: 1993년
- 홈페이지: www.comiteolimpicostp.com
- 이메일: cospjasgam@cstome.net
- 전화번호: 00239 2241 600
- 팩스번호: 00239 2223 332
- 주소: Caixa Postal 630, Palacio dos Pioneiros, Salas 9 E 10, Quinta de Santo Antonio, Sao Tome, Sao Tome and Principe
- 국가 인구수: 215천 명

179. 세네갈(SENEGAL)

- 조직명(약어): Comite National Olympique et Sportif Senegalais (SEN)
- 설립연도: 1961년
- IOC 가맹연도: 1963년
- 홈페이지: www.senegalolympique.com
- 이메일: cno.senegal@gmail.com
- 전화번호: 00221 33 859 0840
- 팩스번호: 00221 33 860 1661
- 주소: Spheres Ministerielles Otd, Batiment B (2E Etage), BP 356, Dakar, Senegal
- 국가 인구수: 16,296천 명

180. 세이셸(SEYCHELLES)

- 조직명(약어): Seychelles Olympic and Commonwealth Games Association (SEY)
- 설립연도: 1979년
- IOC 가맹연도: 1979년
- 홈페이지: -
- 이메일: noas@seychelles.net
- 전화번호: 00248 4225 553
- 팩스번호: 00248 4225 554
- 주소: P.O. Box 584, Victoria Mahe, Seychelles
- 국가 인구수: 97천 명

181. 소말리아(SOMALIA)

- 조직명(약어): Somalia National Olympic Committee (SOM)
- 설립연도: 1959년
- IOC 가맹연도: 1972년
- 홈페이지: www.nocsom.com
- 이메일: nocsom@hotmail.com
- 전화번호: 00252 1 253 636
- 팩스번호: 00252 1 216 516
- 주소: DHL Mogadishu, Mogadishu, Somalia
- 국가 인구수: 15,442천 명

182. 수단(SUDAN)

- 조직명(약어): Sudan Olympic Committee (SUD)
- 설립연도: 1956년
- IOC 가맹연도: 1959년
- 홈페이지: -
- 이메일: ssudnoc@gmail.com
- 전화번호: 00249 154 883 450
- 팩스번호: 00249 183 431 850
- 주소: P.O. Box 1938, Africa Street, International Park, Khartoum, Sudan
- 국가 인구수: 42,813천 명

183. 시에라리온(SIERRA LEONE)

- 조직명(약어): National Olympic Committee of Sierra Leone (SLE)
- 설립연도: 1964년
- IOC 가맹연도: 1964년
- 홈페이지: www.nocsl.org
- 이메일: olympic_sle@yahoo.com
- 전화번호: 00232 22 223 487
- 팩스번호: 00232 22 224 007
- 주소: Howe Street 25, P.M. Bag 639, Freetown, Sierra Leone
- 국가 인구수: 7,813천 명

184. 알제리(ALGERIA)

- 조직명(약어): Comite Olympique et Sportif Algerien (ALG)
- 설립연도: 1963년
- IOC 가맹연도: 1964년
- 홈페이지: www.coa.dz
- 이메일: coacom_info@yahoo.fr
- 전화번호: 00213 23 38 1302
- 팩스번호: 00213 23 38 1301
- 주소: Case Postale 460, Ben Aknoun, Alger 16306, Algeria
- 국가 인구수: 43,053천 명

185. 앙골라(ANGOLA)

- 조직명(약어): Comite Olimpico Angolano (ANG)
- 설립연도: 1979년
- IOC 가맹연도: 1980년
- 홈페이지: www.comiteolimpicoangolano.com
- 이메일: olympang@gmail.com
- 전화번호: 00244 2 2226 5010
- 팩스번호: 00244 2 2226 5711
- 주소: CP 3814, Citadela Desportiva, Luanda, Angola
- 국가 인구수: 31,825천 명

186. 에리트레아(ERITREA)

- 조직명(약어): Eritrean National Olympic Committee (ERI)
- 설립연도: 1996년
- IOC 가맹연도: 1999년
- 홈페이지: –
- 이메일: enoc@tse.com.er
- 전화번호: 00291 1 120 933
- 팩스번호: 00291 1 120 967
- 주소: P.O. Box 7677, Asmara, Eritrea
- 국가 인구수: 3,213천 명

187. 에스와티니(ESWATINI)

- 조직명(약어): Eswatini Olympic and Commonwealth Games Association (SWZ)
- 설립연도: 1971년
- IOC 가맹연도: 1972년
- 홈페이지: http://socga.org.sz
- 이메일: socga@realnet.co.sz
- 전화번호: 00268 2404 7454
- 팩스번호: 00268 2404 4057
- 주소: P.O. Box 835, Mbabane, H100, Eswatini
- 국가 인구수: 1,148천 명

188. 에티오피아(ETHIOPIA)

- 조직명(약어): Ethiopian Olympic Committee (ETH)
- 설립연도: 1948년
- IOC 가맹연도: 1954년
- 홈페이지: –
- 이메일: info@ethiopianolympic.et
- 전화번호: 00251 11470 7752
- 팩스번호: 00251 11470 7798
- 주소: Ethio-China Friendship Roundabout, Wello Sefere, Nearby Saudi Arabia Embassy, P.O. Box 5160, Addis-Ababa, Ethiopia
- 국가 인구수: 112,078천 명

189. 우간다(UGANDA)

- 조직명(약어): Uganda Olympic Committee (UGA)
- 설립연도: 1950년
- IOC 가맹연도: 1956년
- 홈페이지: www.nocuganda.org
- 이메일: uoc@nocuganda.org
- 전화번호: 00256 200 960 293
- 팩스번호: 00256 41 434 2010
- 주소: Plot 2-10 Heskethbell Road, Lugogo Sports Complex, P.O. Box 2610, Kampala, Uganda
- 국가 인구수: 44,269천 명

190. 이집트(EGYPT)

- 조직명(약어): Egyptian Olympic Committee (EGY)
- 설립연도: 1910년
- IOC 가맹연도: 1910년
- 홈페이지: www.egyptianolympic.org
- 이메일: info@egyptianolympic.org
- 전화번호: 0020 2 226 11 400
- 팩스번호: 0020 2 226 05 974
- 주소: Elestade Elbahary Street, Nasr City, BP 2055, Cairo, Egypt
- 국가 인구수: 100,388천 명

191. 잠비아(ZAMBIA)

- 조직명(약어): National Olympic Committee of Zambia (ZAM)
- 설립연도: 1951년
- IOC 가맹연도: 1963년
- 홈페이지: www.nocz.co.zm
- 이메일: nocz@microlink.zm
- 전화번호: 00260 211 845 641
- 팩스번호: 00260 211 845 640
- 주소: P.O. Box 36119, 10101 Lusaka, Zambia
- 국가 인구수: 17,861천 명

192. 적도 기니(EQUATORIAL GUINEA)

- 조직명(약어): Comite Olimpico de Guinea Ecuatorial (GEQ)
- 설립연도: 1980년
- IOC 가맹연도: 1984년
- 홈페이지: -
- 이메일: masucaw@hotmail.com
- 전화번호: 00240 333 093 326
- 팩스번호: 00240 333 093 313
- 주소: P.A. Ministerio de Educacion y Deportes, Apartado Postal 847, Malabo, Equatorial Guinea
- 국가 인구수: 1,355천 명

193. 중앙아프리카공화국(CENTRAL AFRICAN REP.)

- 조직명(약어): Comite National Olympique et Sportif Centrafricain (CAF)
- 설립연도: 1961년
- IOC 가맹연도: 1965년
- 홈페이지: www.cnosca.org
- 이메일: cnosca_rca@yahoo.fr
- 전화번호: 00236 75 203 605
- 팩스번호: 00236 21 611 471
- 주소: Boite Postale 1541, Rue de Lakouanga, Bangui, Central African Republic
- 국가 인구수: 4,745천 명

194. 지부티(DJIBOUTI)

- 조직명(약어): Comite National Olympique et Sportif Djiboutien (DJI)
- 설립연도: 1983년
- IOC 가맹연도: 1984년
- 홈페이지: https://cnos-djibouti.org
- 이메일: cnodj@yahoo.fr
- 전화번호: 00253 2135 9828
- 팩스번호: 00253 2135 9830
- 주소: 9 Rue De Geneve, P.O. Box 1366, Djibouti
- 국가 인구수: 973천 명

195. 짐바브웨(ZIMBABWE)

- 조직명(약어): Zimbabwe Olympic Committee (ZIM)
- 설립연도: 1934년
- IOC 가맹연도: 1980년
- 홈페이지: http://zoc.co.zw
- 이메일: info@zoc.co.zw
- 전화번호: 00263 4 741 173
- 팩스번호: 00263 4 741 177
- 주소: 3 Aintree Circle, Belvedere, Harare, Zimbabwe
- 국가 인구수: 14,645천 명

196. 차드(CHAD)

- 조직명(약어): Comite Olympique et Sportif Tchadien (CHA)
- 설립연도: 1963년
- IOC 가맹연도: 1964년
- 홈페이지: −
- 이메일: cno_tchad@yahoo.fr
- 전화번호: 00235 22 51 9919
- 팩스번호: 00235 2 52 1498
- 주소: B.P. 4383, N'Djamena Moursal, Chad
- 국가 인구수: 15,946천 명

197. 카메룬(CAMEROON)

- 조직명(약어): Comite National Olympique et Sportif du Cameroun (CMR)
- 설립연도: 1963년
- IOC 가맹연도: 1963년
- 홈페이지: www.cnosc.org
- 이메일: camnosc3@yahoo.com
- 전화번호: 00237 22221 2205
- 팩스번호: 00237 22221 2206
- 주소: P.O. Box 528, Yaounde, Cameroon
- 국가 인구수: 25,876천 명

Comité **Olímpico Cabo-verdiano**

198. 카보베르데(CAPE VERDE)

- 조직명(약어): Comite Olimpico Cabo-Verdiano (CPV)
- 설립연도: 1989년
- IOC 가맹연도: 1993년
- 홈페이지: www.coc.cv
- 이메일: info@coc.cv
- 전화번호: 00238 534 0406
- 팩스번호: 00238 262 1312
- 주소: Travessa Pierre de Coubertin, N°1, BP N° 92-A, Praia, Cape Verde
- 국가 인구수: 549천 명

199. 케냐(KENYA)

- 조직명(약어): National Olympic Committee Kenya (KEN)
- 설립연도: 1955년
- IOC 가맹연도: 1955년
- 홈페이지: -
- 이메일: nock@iconnect.co.ke
- 전화번호: 00254 20 271 2347
- 팩스번호: 00254 20 271 2343
- 주소: P.O. Box 46888, Olympic House, Upper Hill, Kenya Road, Nairobi, 00100, Kenya
- 국가 인구수: 52,573천 명

200. 코모로(COMOROS)

- 조직명(약어): Comite Olympique et Sportif des Iles Comores (COM)
- 설립연도: 1976년
- IOC 가맹연도: 1993년
- 홈페이지: -
- 이메일: info@cosic-comores.org
- 전화번호: 00269 773 1514
- 팩스번호: 00269 773 1800
- 주소: B.P. 1025, Moroni, Comoros
- 국가 인구수: 850천 명

201. 코트디부아르(COTE D'IVOIRE)

- 조직명(약어): Comite National Olympique de Cote d'Ivoire (CIV)
- 설립연도: 1962년
- IOC 가맹연도: 1963년
- 홈페이지: −
- 이메일: cno-civ@aviso.ci
- 전화번호: 00225 2240 0610
- 팩스번호: 00225 2240 0614
- 주소: 08 BP 1212, Abidjan 08, Cote d'Ivoire
- 국가 인구수: 25,716천 명

202. 콩고(CONGO)

- 조직명(약어): Comite National Olympique et Sportif Congolais (CGO)
- 설립연도: 1963년
- IOC 가맹연도: 1964년
- 홈페이지: −
- 이메일: cnorc.cgo64@gmail.com
- 전화번호: 00242 668 7032
- 팩스번호: −
- 주소: Boite Postale 1007, Brazzaville, Congo
- 국가 인구수: 5,380천 명

203. 콩고민주공화국(DEMOCRATIC REPUBLIC OF THE CONGO)

- 조직명(약어): Comite Olympique Congolais (COD)
- 설립연도: 1963년
- IOC 가맹연도: 1968년
- 홈페이지: www.coc-rdc.org
- 이메일: contact@coc-rdc.org
- 전화번호: 00243 821 30 7685
- 팩스번호: −
- 주소: 32, Avenue de la Gombe, Commune de Kinshasa, Kinshasa, Republique Democratique du Congo
- 국가 인구수: 86,790천 명

204. 탄자니아(UNITED REP. OF TANZANIA)

- 조직명(약어): Tanzania Olympic Committee (TAN)
- 설립연도: 1968년
- IOC 가맹연도: 1968년
- 홈페이지: www.noctanzania.org
- 이메일: noctanzania@gmail.com
- 전화번호: 00255 22 276 0035
- 팩스번호: 00255 22 276 0033
- 주소: P.O. Box 2182, National Housing Cooperation, 3rd Floor No. 2, Mwinyijuma Road, Mwananyamala, Dar-Es-Salaam, United Republic of Tanzania
- 국가 인구수: 58,005천 명

205. 토고(TOGO)

- 조직명(약어): Comite National Olympique du Togo (TOG)
- 설립연도: 1963년
- IOC 가맹연도: 1965년
- 홈페이지: -
- 이메일: olympic@cnotogo.tg
- 전화번호: 00228 2221 6569
- 팩스번호: 00228 2221 4546
- 주소: Boite Postale 1320, Angle Avenue Duisburg - Rue des Nimes, Lome, Togo
- 국가 인구수: 8,082천 명

206. 튀니지(TUNISIA)

- 조직명(약어): Comite National Olympique Tunisien (TUN)
- 설립연도: 1957년
- IOC 가맹연도: 1957년
- 홈페이지: www.cnot.org.tn
- 이메일: president.cnot@email.ati.tn
- 전화번호: 00216 71 767 681
- 팩스번호: 00216 71 767 289
- 주소: Centre Cult. & Sportif de la Jeunesse, Avenue Othman Ibn Afane El Menzah VI, 1004 Tunis, Tunisia
- 국가 인구수: 11,694천 명

스포츠 거버넌스

초판발행　　　2021년 2월 25일

지은이　　　　오준혁
펴낸이　　　　안종만·안상준

편　집　　　　황정원
기획/마케팅　정성혁
표지디자인　　이미연
제　작　　　　고철민·조영환

펴낸곳　　　　(주)**박영사**
　　　　　　　서울특별시 금천구 가산디지털2로 53, 210호(가산동, 한라시그마밸리)
　　　　　　　등록 1959. 3. 11. 제300-1959-1호(倫)

전　화　　　　02)733-6771
f a x　　　　02)736-4818
e-mail　　　　pys@pybook.co.kr
homepage　　www.pybook.co.kr
I S B N　　　979-11-303-1126-5   93690

정 가　　　　15,000원